KB039893

데일카네기

성공의 법칙

데일카네기

성공의 법칙

초판1쇄 2021년 12월 10일
개정1쇄 2022년 12월 23일

지은이 안진환
펴낸이 최영민
펴낸곳 헤르몬하우스
인쇄 미래피앤피
주소 경기도 파주시 신촌로 16
전화 031-8071-0088
팩스 031-942-8688
전자우편 hermonh@naver.com
등록일자 2015년 3월 27일
등록번호 제406-2015-31호

ISBN 979-11-92520-14-8 (13120)

성공의 법칙

데일 카네기

데일 카네기 저
안진환 편역

복잡한 세상 속 인간관계, 자기관리, 대화, 리더십 등
성공 노하우의 모든 것을 한 권에 담았다!

헤르몬
HERMONHOUSE

편역 서문

예전에 어느 독자와 나눈 대화가 생각난다. 그는 이른바 '핫하게' 뜨는 베스트셀러는 읽지 않는다고 했다. 그러면서 1년쯤 지나서도 여전히 베스트셀러인지 확인한 후 구매한다고 덧붙였다. 책의 출간 초기에는 일시적 유행이나 마케팅 차원의 거품이 섞일 수밖에 없는 상황을 제대로 이해한 셈이다. "시간의 시험으로 검증되고(time-tested) 세월이 흘러도 변함없이(timeless)" 사랑받는 책이 진정한 베스트셀러라는 얘기다.

자기계발서 중에서 "time-tested"와 "timeless" 등의 수식어가 가장 많이 붙는 책이 바로 데일 카네기의 저작이다. 지구상에 인류가 존재하는 한 변하지 않을 진리 한 가지는 "인생의 성공은 결코 혼자 이루는 게 아니다."라는 사실이다. 본인의 자세는 물론이고 다른 사람들과의 관계도 중요하지 않을 수 없다. 당연히 대부분의 자기계발서가 그런 부분에 초점을 맞추고 나름의 조언을 설파한다. 의사소통 기술이나 인맥 형성 비법, 호감을 얻는 방법, 리더 자질 함양법, 성과 향상법 등을 가르친다는 책이 주변에 얼마나 많은가. 그러면서 채 1년도 지나지 않아 독자들의 관심에서 멀어지는 책은 또 얼마나 많은가.

그렇다면 유독 데일 카네기의 역작들이 해당 분야의 최초이자 최고로 칭송받으며 이토록 오랜 세월 사랑받는 이유는 무엇인가? 누구든 데일 카네기의 책을 읽으면 여러 장점을 느낄 수 있겠지만, 편역자가 우선적으로 꼽고 싶은 강점은 "(예화를 들어 쉽게 설명하는) 상식적인 접근방식에 담은 지혜와 조언의 깊이가 남다르다"는 부분이다. 그래서 75년이 넘는 세월 동안 수백만 독자를 직업 경력과 개인 생활 양면에서 성공의 사다리를 오르도록 도울 수 있었고, 오늘날의 디지털 시대에서도 폭넓은 공감을 불러일으킬 수 있는 것이다.

데일 카네기는 어떠한 삶을 살았을까? 위키피디아(Wikipedia)에 기록된 그의 생애는 다음과 같다. 그는 1888년 11월 미국 미주리주 메리빌의 한 농가에서 둘째 아들로 태어났다. 어린 시절 전 학년이 한 교실에서 배우는 시골 학교에서 공부한 그는 열여섯 살 때 가족을 따라 미주리주 워렌스버그의 농장으로 이주해 그 지역의 고등학교에 다녔다. 그는 이 시절 새벽 세 시에 일어나 돼지를 먹이고 젖소의 젖을 짜는 등 집안의 생업을 도우면서도 학교의 토론팀에서 활동하며 대중 연설에 대한 자신감을 키웠다. 그렇게 고교를 마친 그는 워렌스버그에 있는 주립 교대에 진학해 1908년 대학을 졸업했다.

대학 졸업 후 가진 첫 직업은 목장주나 농장주들에게 통신 교육 강좌를 판매하는 일이었다. 이어서 그는 아머앤컴퍼니(Armor & Company)에 입사해 베이컨과 비누, 라드(lard: 돼지비계를 정제하여 하얗게 굳힌 요리용 재료 – 역주) 등을 판매하는 세일즈맨으로 일했다. 여기서 그는 자신이 맡은 네브래스카주 사우스오마하의 영업 구역을 판매실적 전국 1등으로 만들 정도로 역량을 발휘했다.

1911년 데일 카네기는 500달러를 모은 후 (당시 유행하던 성인 교육 및 사회 운동인) 셔터쿼(Chautauqua) 시스템의 강사가 되는 평생의 꿈을 추구하기 위해 세일즈맨 생활을 그만두었다. 그는 이런저런 곡절 끝에 결국 뉴욕의 아메리칸 극예술 아카데미(American Academy of Dramatic Arts)에 다녔지만, 배우로서는 별로 성공을 거두지 못했다. 브로드웨이 연극인 "서커스단의 폴리(Polly of the Circus)"의 지방 순회흥행에서 하틀리 박사(Dr. Hartley) 역할을 연기한 기록이 남아 있는 정도다. 이 순회공연이 끝난 후 그는 뉴욕으로 돌아와 125번가에 있는 YMCA에서 거주했다. 그는 그곳에서 대중 연설을 가르치자는 아이디어를 떠올렸고, YMCA 매니저를 설득해 순수익의 80퍼센트를 제공하는 조건으로 강좌 개설을 허락받았다. 첫 번째 세션에서 그는 자료가 부족해지자 즉흥적으로 수강생들에게 "그들을 화나게 만든 무언가"에 대해 이야기하도록 제안했고, 그 기법으로 사람들이 대중 연설의 두려움을 떨쳐내도록 도울 수 있다는 사실을 발견했다. 이렇게 자신감을 키우길 열망하는 보통 사람들의 욕구를 충족시키기 위해 1912년에 시작된 데일 카네기 코스는 이후 계속 진화의 과정을 거쳤고, 카네기는 1914년 매주 500달러(오늘날의 약 1만 3000달러)를 버는 수준에 이르렀다.

1차 세계 대전이 발발하자 카네기는 미군에 징집되어 캠프 업튼에서 복무했다. 그의 징병 카드에는 그가 양심적 병역거부자 지위를 요청했지만 받아들여지지 않았고, 왼손 집게손가락이 없다고 기록되어 있다. 1916년 그가 카네기홀(Carnegie Hall)에서 진행한 강연은 매진 사례를 이뤘는데, 이것이 1919년 철강왕 앤드류 카네기(Andrew Carnegie)를 기리는 한편 사람들이 기억하기 쉽도록 "Carnagey"에서 "Carneigie"로 성의 철자를 변경한 그의 결정에 영향을 미친 것으로 보인다.

데일 카네기의 첫 번째 저작은 1926년 "Public Speaking: Practical Course for Business Men(대중 연설: 사업가의 실무 과정)"이란 제목으로 출간되었고, 이 책은 1932년 "Public Speaking and Influencing Men in Business(성공대화론)"로 제목이 변경되었다. 1936년 발표한 "How to Win Friends and Influence People(인간관계론)"은 출간과 동시에 베스트셀러에 올랐고, 카네기가 세상을 떠날 때까지 31개 언어로 번역되어 500만 부가 팔렸다. 역시 대형 베스트셀러로 등극하며 세계 각국에 소개된 "How to Stop Worrying and Start Living(자기관리론)"이 출간된 것은 1948년이었으며, 카네기는 생을 마감할 때까지 이들 주요작을 포함해 10여 권의 자기계발서와 다수의 소책자를 남겼다. 성인 교육 운동이 한창이던 시절 카네기는 15만 회 이상의 연설을 검토하고 수정해주었다고 전해지며 그의 활발한 활동 시기 동안 데일 카네기 연구소의 졸업생은 도합 45만 명에 이르렀다.

그의 첫 번째 결혼은 1931년 이혼으로 끝났다. 1944년 11월 5일 그는 자신의 비서였던 도로시 프라이스 밴더풀(Dorothy Price Vanderpool)과 재혼했지만, 이 결혼 역시 이혼으로 끝났다. 카네기는 도로시와의 사이에 딸 도나(Donna)를 두었고, 카네기 사후 카네기 회사는 도로시가 맡아 운영했다. 카네기는 1955년 11월 1일 뉴욕 포레스트힐스의 자택에서 호지킨병으로 사망했다. 그는 미주리주 캐스카운티의 벨튼 묘지에 묻혔다.

데일 카네기의 조언이 부를 축적하는 데에만 초점이 맞춰졌다면 분명 이렇게 오랜 세월 사랑받지 못했을 것이다. 그는 진정으로 성공한 인생이란 어떠한 삶인가를 고찰하며 마음의 평화와 행복부터 찾는 참된 성공학을 펼쳤다. 수많은 청중 앞에서 강의하고 다수의 연설을 평가하며 체득한 노하우와 역사적 인물들의 기록, 일상의 사건들에서 얻은 통찰과 지혜를 접목해 그렇게 스트레스에 시달리지 않으면서 자신을 관리하고 성공적이며 충만한 삶을 살아가는 방법을 적절한 사례와 구체적 실천 방안으로 설파하였다. 그렇기에 워런 버핏(Warren Buffet)도 자신의 인생을 바꾼 최고의 책으로 데일 카네기의 자기계발서를 주저 없이 꼽은 것이다.

이 책은 데일 카네기의 주요 저서에서 21세기를 살아가는 현대인들에게 실질적으로 도움이 될 수 있는 조언만을 간추려 엮은 자기계발서다. 복잡다단하고 각박한 사회에서 치열한 경쟁에 시달리며 사는 모든 이들이 직장이나 학교, 일터나 가정에서 걱정과 두려움이 없는 평온한 마음으로 자신 있게 원하는 바를 성취해나가도록 힘을 주는 조언을 골라 담았다는 뜻이다. 책에 담긴 진가를 체감하고 피가 되고 살이 되도록 실천하는 것은 오로지 독자의 몫이라는 말이 있다. 이 책은 그 과정이 최대한 쉽고 자연스럽게 이뤄지도록 각각의 조언을 한 편의 강의로 삼는 단순하고 직관적인 구성 방식을 취했다. 따라서 독자 여러분은 순서나 분류에 연연할 필요 없이 각자의 환경에 따라 매 강의를 한 편씩 음미하며 나름의 통찰이나 솔루션을 찾으면 좋을 것이다. 아울러 현대적 상황에 걸맞은 핵심 조언 모음이라는 취지에 맞춰 본문 상당 부분을 임의로 재구성하고 곳곳에 저자의 의도를 왜곡하지 않는 범위 내에서 편역자의 주관적인 해석과 의견을 다소 포함하였음을 밝힌다.

우리 모두가 공평하게 보유한 가장 소중한 자산은 시간이다. 이 책은 시간 대비 효율의 최대화에도 역점을 두고 구성되었다. 책을 읽는 여러분의 그 귀중한 시간이 진정 유의미한 성과로 이어지길 간절히 바라는 바이다.

2021년 가을
안진환

차 례

제1강
오늘을 살라

1871년 봄, 한 청년이 책을 읽던 중 자신의 미래에 큰 영향을 미칠 한 문장을 만났다. 몬트리올 종합병원 의대생인 그는 졸업 시험을 통과할 수 있을지, 어느 방향으로 나아가 무엇을 해야 할지, 어떻게 먹고 살아야 할지 걱정이 많았다. 이 의대생이 접한 그 문장은 그가 당대의 가장 유명한 의사로 성장하는 데 도움이 되었다. 바로 존스홉킨스 의대의 설립에 공헌하고 대영제국 의사 최고의 영예인 옥스퍼드 의대 흠정 강좌 교수로 재임한 윌리엄 오슬러 경의 이야기다. 그의 인생을 바꾼 한 문장은 토머스 카알라일의 글이었다. "우리가 해야 할 주된 일은 저 멀리 흐릿한 무엇에 초점을 맞추는 게 아니라 당장 눈앞에 놓인 무언가를 실행하는 것이다.”

　42년 후 어느 봄날 저녁 예일대 학생들을 대상으로 한 강연회에서 오슬러 경은 학생들에게 자신처럼 여러 대학의 교수직을 역임하고 유명한 저서를 집필한 사람은 특별한 두뇌의 소유자로 생각들하지만 사실은 그렇지 않다고 단언했다. 그러면서 자신의 절친들은 그의 두뇌가 지극히 평범한 수준이라는 사실을 잘 알고 있다고 했다. 그렇다면 그의 성공 비결은 무엇인가? 그는 오늘을 충실하게 살아가는 것이라고 답했다. 예일대 학생들 앞에 서기 몇 달 전, 오슬러 경은 대서양을 건너기 위해 대형 여객선에 오른 적이 있었다. 거기서 그는 선장이 선교에서 기계장치 가동 버튼을 눌러 배의 각 구획을 차단하는 장면을 목격했다. 어느 한쪽에 물이 새어 들어오더라도 다른 쪽은 영향을 받지 않게 하려는 조치였다.

　“지금 여러분 한 명 한 명은 그 어떤 대형 여객선보다 훨씬 더 경이로운 유기체이며 훨씬 더 긴 여행길에 올라 있습니다. 저는 여러분에게 ‘오늘’이라는 구획을 만들고 차단벽을 쳐서 오늘을 충실하게 사는 것이 안전하게 항해할 수 있는 가장 확실한 방법임을 강조하고 싶습니다. 선교에 올라 육중한 차단벽을 내리십시오. 과거는 죽은 날입니다. 차단하십시오. 내일은 아직 태어나지 않은 날입니다. 차단하십시오. 그렇게 해야 여러분이 안전합니다. 어리석은 사람들을 칙칙한 죽음의 길로 이끄는 어제를 막아버리십시오. 어제의 짐에 내일의 짐까지 더해서 지고 가면 아무리 힘센 사람도 비틀거리지 않을 수 없습니다. 미래를 불안해하는 사람에게는 체력 낭비와 정신적 고뇌, 신경과민만이 따라붙을 뿐입니다."

오슬러 박사의 말은 내일을 위해 어떤 노력도 하지 말라는 의미인가? 전혀 그렇지 않다. 그는 이어서 내일을 준비하는 가장 좋은 방법은 우리의 모든 에너지와 열정을 오늘 해야 할 일에 집중하는 것이라고 역설했다. 그것이 미래를 제대로 준비할 수 있는 유일한 방법이란 뜻이다. 오슬러 경은 예일대 학생들에게 주기도문에 나오는 "오늘 우리에게 일용할 양식을 주시옵고"의 마음가짐으로 하루를 시작하라고 권했다. 주기도문에서는 오늘의 양식만을 구한다. 어제의 형편 없던 양식에 불평하지 않고 내일의 양식이 부족하진 않을까 불안해하지 않는다. 그렇다. 오늘의 양식이 우리가 먹을 수 있는 유일한 양식인 것이다.

Double-Check

스스로 다음의 질문을 던지고 답해보라.

1. 지난 실패의 원인을 따지느라 오늘을 허송하는가? 아니면 더 나은 내일을 위해 오늘 할 일에 집중하는가?

2. 미래에 대해 걱정하거나 혹은 지평선 너머 마법의 장미 정원을 꿈꾸느라 오늘을 사는 것을 미루는 경향은 없는가?

3. 되돌릴 수 없는 일에 연연하며 후회하느라 오늘을 다시 후회할 과거로 만드는 우를 범하고 있지는 않은가?

4. 아침에 일어나면서 오늘 하루를 충실하게 살겠다는 각오를 다지는가?

5. 언제부터 마음가짐을 바꿀 것인가? 다음 주? 내일? 오늘?

제2강
있는 그대로 받아들여라

　윌리스 H. 캐리어를 아는가? 실내 냉방 시대의 문을 열고 그 유명한 에어컨 제조사 캐리어 코퍼레이션을 설립한 인물이다. 그는 나와 점심을 함께 하던 자리에서 걱정스러운 상황에 대한 나름의 해결 방안을 털어놓았다. 걱정 해소에 관한 한 내가 들어본 가장 탁월한 방법이었다.

　"젊은 시절 뉴욕주 버펄로에 있는 단조 회사에서 일한 적이 있습니다. 미주리주 크리스탈에 있는 피츠버그 판유리 회사의 공장에 가스 정화 장치를 설치하는 임무가 제게 주어졌지요. 가스에서

20 | 성공의 법칙

나오는 불순물을 제거해서 연소 시에 엔진이 마모되지 않게 만드는 것이 목적이었는데, 당시에 새로 도입된 방식이었습니다. 이전에 다른 환경에서 단 한 차례 시도된 적이 있을 뿐이었지요. 결국 현장 작업에서 예기치 않은 장애가 발생했습니다. 어느 정도 효과가 있었지만, 우리가 보장했던 만큼 충분하지는 않았던 겁니다. 실패가 확실해지자 저는 망연자실하지 않을 수 없었습니다. 마치 누군가에게 머리를 강타당한 것 같았지요. 뱃속이 뒤틀리기 시작하더군요. 한동안 너무 걱정스러워 잠을 이룰 수가 없었지요. 그러다가 걱정만으로는 어떤 결론에도 이를 수 없다는 상식적인 생각이 떠올랐습니다. 그래서 걱정을 떨쳐내고 문제를 다루는 방법을 궁리해냈습니다. 아주 효과적이었지요. 저는 그때부터 오늘날까지 30년 넘게 그 걱정 처리 방안을 활용하고 있습니다. 누구라도 이용할 수 있는, 세 단계로 이뤄진 아주 간단한 방법입니다."

그 세 단계는 다음과 같다.

● 1단계: 상황을 담대하고 정직하게 분석해 실패의 결과로 발생할 수 있는 최악의 상황을 따져본다. "그렇다고 감옥에 가거나 총에 맞아 죽지는 않을 게 확실했지요. 물론 제가 회사에서 잘리거나 제 고용주가 설비를 치워야 하고 투자금 만 달러를 날릴 수는 있었습

니다."

• 2단계: 발생할 수 있는 최악의 상황을 고려한 후 필요한 경우 그것을 받아들여야 한다고 마음먹는다. "이번 실패로 제 경력에 흠이 생기고 직장을 잃을지도 모른다고 생각했지요. 하지만 직장은 다시 찾으면 됩니다. 고용주의 입장에서 생각해봐도 새로운 가스 정화 기법을 실험하고 있었기에 만 달러는 실험 투자비라고 볼 수 있었습니다. 충분히 감당할 수 있는 비용이었지요. 그렇게 가능한 최악의 상황을 고려하고 필요하다면 스스로 받아들여야 한다고 인정하자 상황은 극적으로 전환되었습니다. 즉시 긴장이 풀렸고, 며칠 동안 경험하지 못했던 평온이 찾아왔습니다."

• 3단계: 예상되는 최악의 상황을 일정 부분이라도 개선하기 위해 차분하게 시간과 노력을 투여한다. "저는 곧바로 만 달러의 손실을 줄일 방법을 찾고자 최선을 다했습니다. 몇 번의 테스트를 거쳐 우리가 5,000달러를 더 들여 장비를 추가하면 문제를 해결할 수 있다는 걸 알아냈습니다. 우리는 그렇게 했고, 회사는 투자금을 날리는 대신 1만 5,000달러를 벌 수 있었습니다."

문제가 생겼을 때 계속 걱정만 하고 있으면 절대 해결책을 찾을 수 없다. 걱정의 가장 나쁜 속성 중 하나는 집중력을 흩뜨리는 것이다. 걱정의 늪에 빠지면 마음이 뒤숭숭해서 어떤 결정도 내릴 수 없게 된다. 하지만 스스로 최악의 상황을 직면하고 마음속으로 받아들이면, 모든 막연한 가정들이 제거되고 당면한 문제에 집중할 수 있게 된다.

Double-Check

┃ 문제가 생겨 걱정이 밀려오면 다음의 단계를 밟아보라.

1. 발생할 수 있는 최악의 상황은 어떤 것인지 따져본다.

2. 만약의 경우 최악의 상황을 받아들일 각오를 한다.

3. 최악의 상황을 개선하기 위해 차분히 노력을 기울인다.

제3강
걱정은 만병의 근원,
과감하게 떨쳐내라

"걱정을 물리치는 법을 모르는 비즈니스맨은 오래 살지 못한다."
노벨 의학상 수상자인 알렉시스 카렐 박사가 한 말이다. 사업 성공
에 매진하느라 위궤양이나 심장질환을 달고 산다면 그 사람은 과연
성공적인 삶을 영위하고 있는 것인가? 온 세상을 다 얻고 건강을 잃
는다면 대체 무슨 소용이 있단 말인가?

몇 년 전 산타페 철도회사의 의료 간부 중 한 명인 O. F. 고버 박
사와 차로 텍사스와 뉴멕시코를 돌며 휴가를 함께 보냈다. 당시 그
와 걱정의 영향에 대해 나눈 대화를 소개한다. "내과에 방문하는 환

자 가운데 70퍼센트는 걱정과 두려움만 없애면 저절로 낫습니다. 그들의 병이 상상에 기인하는 것이라는 의미가 아닙니다. 그들은 실제로 치통만큼이나 심한 아픔을 느끼며 때로는 그보다 훨씬 극심한 고통을 호소합니다. 이들이 받는 진단은 대개 신경성 소화불량이나 위궤양, 심장병, 불면증, 특정한 두통, 특정 종류의 마비 등입니다. 실체가 있는 질환이라는 얘깁니다. 저 역시 12년 동안 위궤양으로 고생했기에 확실하게 말씀드릴 수 있습니다. 두려움은 걱정을 낳습니다. 걱정은 사람을 긴장하고 초조하게 만들며 위 신경에도 영향을 미쳐 위산 분비가 비정상적으로 이뤄지게 합니다. 그로 인해 종종 위궤양이 유발되는 겁니다."

〈신경성 위장 질환〉이라는 책을 쓴 조셉 F. 몬태규 박사도 같은 말을 한다. "위궤양은 '우리가 먹는 것' 때문이 아니라 '우리를 먹고 있는 것' 때문에 생긴다." 에드워드 포돌스키 박사가 쓴 〈걱정을 떨쳐내고 회복하라〉 책은 또 어떠한가. 목차만 봐도 알 수 있다.

  - 걱정은 심장에 어떤 영향을 미치는가
  - 고혈압은 걱정을 먹고 산다
  - 걱정은 류머티즘을 일으킬 수 있다
  - 걱정을 줄여야 위가 건강해진다

- 걱정은 어떻게 감기를 유발하는가
- 걱정과 갑상선
- 걱정이 많은 당뇨병 환자

걱정이 류머티즘과 관절염까지 유발한다니 놀랍지 않은가. 관절염 분야의 세계적인 권위자인 코넬 의과대학의 러셀 L. 세실 박사는 관절염을 일으키는 가장 흔한 상황으로 다음의 네 가지를 꼽았다.

1. 결혼 생활의 파탄
2. 경제적 재난과 비탄
3. 외로움과 걱정
4. 오랜 세월 품은 분노

물론 이 네 가지 감정적인 상황이 관절염의 유일한 원인이라는 뜻은 아니다. 관절염은 종류도 많고 원인도 다양하다. 그러나 거듭 강조하지만 "관절염을 일으키는 가장 흔한 상황"은 이 네 가지다.

얼마 전 나는 급성 과민 갑상선 증상에 시달리는 친구와 함께 필라델피아에 갔다. 38년 동안 그런 유형의 질환을 치료하고 있는 유명한 전문의를 만나기 위해서였다. 병원 대기실 벽에 모든 환자가 보도록 조언을 새긴 커다란 나무판이 걸려 있었다. 나는 봉투 뒷면에 그 문구를 베껴 적었다. "마음을 편안하게 하고 몸을 되살리는데 가장 도움이 되는 것은 건강한 종교와 숙면과 좋은 음악과 웃음이다. 신앙을 갖고 숙면을 취하고 좋은 음악을 듣고 삶의 재미난 측면에 주목하라. 그러면 건강과 행복이 찾아올 것이다."

아이다호주 쿠르델레느에 사는 올가 K. 자베이라는 여성은 내게 보낸 편지에서 이렇게 말했다. "저는 약 8년 6개월 전에 사망 선고를 받았습니다. 암으로 인해 천천히 고통스러운 죽음을 맞이하게 될 거라는 선고였지요. 지역 최고의 의사인 메이오 형제도 같은 진단을 내렸습니다. 죽음이 입을 벌리고 기다리는 막다른 골목에 들어선 기분이었습니다. 이렇게 젊은 나이에… 정말 죽고 싶지 않았습니다. 저는 필사적인 심정으로 켈로그에 있는 주치의에게 전화를 걸어 마음속의 절망을 토해냈습니다. 그리 오래 듣지도 않고 주치의는 저를 꾸짖었습니다. '왜 그래요? 올가. 싸워보지도 않겠다는 거예요? 그렇게 울고만 있으면 분명히 곧 죽게 되겠죠. 최악의 상황이 닥친 건 맞아요. 하지만 이제 현실을 직시하세요! 걱정은 멈추고요! 그리고 해야 할 일을 하는 거예요!' 주치의의 말을 듣고 저는 그 자리에서 주먹을 꽉 쥐며 맹세했어요. '그래, 걱정을 떨쳐내자!

울지 않을 거야! 이제 내가 관심을 기울여야 할 부분은 싸워 이기는 거야! 반드시 살아남을 거야!'…"

Double-Check

▌다음 문구를 가슴에 새기고 또 새겨라.

1. 걱정을 물리치는 법을 모르는 사람은 오래 살지 못한다.
2. 현실을 직시하고 걱정을 멈추고 마땅한 조치를 취하라.

제4강
감정을 분리하라

　어떤 걱정거리의 해결에든 적용할 수 있는 단 한 가지 공식이란 있을 수 없다. 걱정의 종류도 많고, 그 정도도 아주 다양하기 때문이다. 따라서 몇 가지 기법을 습득해 상황에 맞춰 적용하는 게 현명한 처사다. 여기서는 "문제 해결의 3단계"를 활용하는 방법에 대해 알아보자.

● 문제 해결의 3단계

1단계: 사실을 확인한다.

2단계: 사실을 분석한다.

3단계: 결정을 내리고, 그에 따라 행동한다.

간단하지만 강력한 방법이다. 아리스토텔레스가 이 방법을 가르쳤고 활용했다. 우리도 이 방법을 활용해야 한다. 우리를 괴롭히고 또 밤이나 낮이나 지옥으로 만드는 문제들을 해결하고 싶다면 말이다. 중요한 것은 감정을 철저하게 배제하고 이 3단계를 따라야 한다는 사실이다. 그래야 편견 없이 객관적인 시각으로 사실을 확인하고 분석할 수 있기 때문이다.

사실 확인과 분석은 왜 중요한가? 사실을 제대로 알지 못하거나 이해하지 못하면 문제를 슬기롭게 해결하려는 시도 자체가 불가능하기 때문이다. 사실을 제대로 이해하지 못한 상태에서 할 수 있는 일이라고는 혼란에 빠져 마음을 졸이는 것뿐이다. 컬럼비아 대학에서 22년간 학장을 지낸 허버트 E. 호크스는 이렇게 말한다. "세상의 걱정 가운데 절반은 결정을 내리는 데 필요한 사실을 충분히 확보하거나 이해하지도 않은 채 결정을 내리려 하기 때문에 생기는 겁니다. 예를 들어 다음 주 화요일 오후 세 시에 직면해야 할 문제가 있다면, 저는 다음 주 화요일이 올 때까지 그에 관한 어떤 결정도 내리려고 시도하지 않습니다. 대신 그 문제와 관련된 사실들을 확보하고 이해하는 데 집중합니다. 걱정은 하지 않습니다. 전전긍긍하거나 잠을 설치지도 않습니다. 단지 사실들을 확인하고 객관적인 시각으로 분석하는 데만 집중합니다. 그렇게 다음 주 화요일이 될 때까지 사실들을 다 확인하고 분석하면 대개 문제의 해결책이 나와 있기 마련입니다."

하지만 우리 대부분은 어떻게 하고 있는가? 사고력을 동원하는 정신노동은 가급적 피하려 한다. 혹여 사실 확인에 신경 쓰더라도 기존의 생각을 뒷받침하는 사실들만 찾으려 애쓴다. 우리의 행위를 정당화하는 사실, 우리가 원하는 바와 잘 들어맞고 기존의 편견에 부합하는 사실들만 받아들인다. 앙드레 모루아는 인간의 이런 행태를 이렇게 묘사했다. "우리의 개인적 욕망과 부합하는 것은 모두 진실해 보이고 그렇지 않은 것은 모두 우리를 화나게 만든다."

이제 왜 그렇게 우리가 우리의 문제들에 대한 해답을 구하는 데 어려움을 겪는지 이해가 되는가. 2 더하기 2는 5라고 믿으면서 산수 문제를 풀려고 하면 어떤 일이 벌어지겠는가? 그럼에도 세상에는 2 더하기 2가 5라고, 아니 심지어 500이라고 우기면서 자신과 주변 사람들의 삶을 지옥으로 만드는 이들이 많다.

우리는 어떻게 해야 하는가? 무엇보다 사고 과정에서는 감정을 분리해야 한다. 그리고 호크스 학장의 말대로 객관적인 시각으로 사실을 확인하고 분석해야 한다. 걱정하고 있을 때는 그렇게 하기 어렵다. 걱정할 때는 감정이 앞서기 때문이다. 그렇다면 사실을 편견 없이 객관적으로 보는 데 도움이 되는 방법은? 다음 두 가지 기법을 활용하라.

1. 사실 확인을 하려고 할 때, 나는 나 자신을 위해서가 아니라 다른 누군가를 위해 정보를 수집하는 척한다. 그렇게 하면 어떤 증거에든 냉철하고 편견 없는 잣대를 들이댈 수 있다.

2. 걱정되는 문제와 관련된 사실을 수집할 때, 나는 때로 나와 맞선 입장을 변론하는 변호사처럼 행동한다. 다시 말해서 나 자신에 반하는 모든 사실, 즉 내 바람에 어긋나는 사실과 내가 직면하고 싶지 않은 사실을 모으려고 노력한다.

Double-Check

다음 질문에 답해보라. 답을 종이에 직접 써보길 권한다. 머릿속으로 떠올리는 것보다 직접 써놓고 보는 것이 명료하게 사고하고 판단하는 데 훨씬 도움이 된다.

1. 지금 걱정되는 것은 무엇인가?

2. 그에 대해 내가 할 수 있는 일은 무엇인가?

3. 그래서 나는 무엇을 어떻게 할 것인가?

4. 언제부터 그렇게 할 것인가?

제5강
숫자에 주목하라

사업이나 업무가 기대한 만큼 돌아가지 않거나 성과가 저조하면 무엇부터 해야 하는가? 당연히 원인을 따져보는 것이 가장 먼저 해야 할 일이다. 그렇다면 해결책은 어떻게 찾는가? 수치를 분석하는 것이 가장 중요하다. 수치 분석만으로 쉽게 해결책을 찾을 수 있는 경우가 의외로 많기에 하는 말이다. 숫자는 거짓말을 하지 않는다.

내 친구 프랭크 베트거는 미국 최고의 보험 설계사에 속한다. 그는 원인 파악과 수치 분석을 통해 업무의 효율을 배가했을 뿐만 아니라 수입도 크게 늘린 이야기를 내게 들려주었다.

"수년 전 보험 판매원으로 처음 일하기 시작했을 때에는 일에 대한 열정과 애정이 넘쳐났지요. 아침 일찍부터 저녁 늦게까지, 때로는 휴일도 반납하고 잠재 고객을 개발하고 찾아가 만나고 하면서도 힘든 줄을 몰랐지요. 그런데 어느 시점부터 그 모든 게 시들해지더군요. 좀처럼 나아지지 않는 상황에 실망하고 낙담해서 보험 영업을 하는 거 자체가 싫어졌어요. 일을 그만두는 게 낫겠다는 생각이 들더군요. 만약 어느 토요일 아침에 그 생각이 떠오르지 않았다면 저는 분명히 그 일을 때려치웠을 거예요. 그날 불현듯 일이 만족스럽지 않고 앞날이 걱정되는 이유의 근원이 무엇인지 확인해봐야겠다는 생각이 들었지요. 그래서 먼저 스스로 질문을 던져봤어요. '도대체 문제가 뭐지?' 문제는 제가 고객들을 엄청나게 많이 찾아다니지만 그만큼 실적이 나오지 않는다는 거였어요. 잠재 고객을 찾아내는 작업은 잘하는데, 실제로 계약을 체결하는 경우는 그렇게 많지 않았어요. 고객들은 대개 이렇게 반응했지요. '음, 생각해볼게요. 다음에 다시 한번 들러주세요.' 그러면 저는 다시 방문하고, 또 같은 말을 듣고 다시 방문하고, 그런 식으로 계속 방문하느라 시간과 에너지를 소모하면서 점점 우울감에 빠지게 된 거예요. 그래서 저는 또 스스로 이렇게 물었어요. '이 문제를 해결할 방안은 없는가?' 이 질문에 답하기 위해서는 사실들을 조사해봐야 했어요. 그래서 지난 12개월 동안 기록해놓은 모든 영업 내용과 실적 자료를 펼쳐놓고 수치를 살펴보았지요. 그리고 깜짝 놀랄 만한 사실을 발견했어요. 기록을 보니 제가 체결한 계약의 70퍼센트는 첫 번째 만남에서 성사되었더군요! 23퍼센트는 두 번째 방문에 이루어졌고요! 세 번, 네 번, 다섯 번 이상씩 방문하느라 시간를 소모하고 에너지를 고갈시키며 체결한 계약은 다 합쳐서 7퍼센트밖에 되지 않는 거예요. 다시 말해서 제가 고작 7퍼센트밖에 되지 않는 실적을 쌓느라 일과의 절반을 소모하고 있었던 거지요. 그래서 다시 질문했어요. '해법은 무엇인가?' 솔루션은 명확하게 나왔어요. 저는 두 차례 만나고도 성과가 나오지 않는 고객은 잠재 고객 리스트에서 과감하게 지우고, 그러니까 더 이상 그들과 줄다리기하느라 시간과 체력을 낭비하지 않고 남는 역량을 새로운 잠재 고객을 개발하고 찾아가는 데 사용했지요. 그 결과는 믿기 어려울 정도였어요. 얼마 되지 않아 저의 고객 상담 횟수당 수익이 두 배로 늘어난 거예요."

앞서 언급한 바와 같이 베트거는 현재 미국에서 가장 잘나가는 생명보험 설계사 중 한 명이다. 하지만 그 역시 한때는 투입하는 노력에 비해 성과가 너무 저조한 데 실망하여 일을 그만두려는 마음을 먹기까지 했다. 그런 그를 성공의 궤도에 올려준 것이 무엇인가?

바로 원인 파악과 수치 분석이다.

▌업무 성과가 부진하면 다음의 질문을 던져보라.

1. 무엇이 문제인가?

2. 문제의 원인은 무엇인가?

3. 문제를 해결하는 데 도움이 되는 방법에는 어떤 것들이 있는가?

4. 그중에 어떤 방안을 실행에 옮기겠는가?

제6강
걱정할 틈을 없애라

어느 날 저녁 내 수업에 참여했던 매리언 더글러스를 절대 잊을 수 없다. 그의 개인적인 요청에 따라 실명을 쓰지 않은 점에 대해 양해를 구한다. 하지만 지금부터 들려주는 이야기는 그의 실제 경험담이다. 그는 그날 수업 시간에 집안에 두 차례나 닥친 비극에 대해 털어놓았다. 첫 번째는 너무나도 사랑스러운 다섯 살배기 딸아이를 잃은 것이었다. "그 10개월 후 신께서는 우리에게 또 한 명의 예쁜 딸을 선사했지요." 하지만 그 아이도 태어난 지 닷새 만에 세상을 떠났다. 그와 아내는 연이은 상실의 아픔을 도저히 이겨내지 못할 것 같았다. 그의 이야기를 들어보자.

"상황 자체를 받아들일 수 없었습니다. 잠을 잘 수 없었고, 밥을 먹을 수도, 편안하게 쉴 수도 없었습니다. 신경이 점차 쇠약해지는 가운데 세상을 살아갈 자신감도 잃어갔습니다." 결국 그는 병원을 찾아갔는데, 한 의사는 그에게 수면제를 처방해주었고, 다른 의사는 그에게 여행 다녀올 것을 권했다. 그는 두 가지 모두 시도해봤지만 별다른 도움이 되질 않았다. "마치 제 몸이 죔틀에 껴 있고 죔틀이 점점 더 조여지는 것 같았습니다." 슬픔으로 인한 무력감을 경험해본 사람이라면 누구나 그가 무슨 말을 하는 건지 이해할 것이다.

"하지만 감사하게도 제게는 아이가 한 명 남아 있었는데, 바로 네 살 난 아들놈이었습니다. 그리고 그 녀석 덕분에 문제 해결의 방법을 찾았습니다. 어느 날 오후, 자기 연민에 빠져 침울하게 앉아 있던 제게 아들이 다가와서 장난감 보트를 만들어달라고 졸랐습니다. 저는 당연히 그런 걸 만들 기분이 전혀 아니었지요. 사실 그 어떤 것도 할 기분이 아니었습니다. 하지만 녀석이 어찌나 고집을 피우던지 결국 몸을 일으킬 수밖에 없었습니다."

그는 아들이 가지고 놀 장난감 보트를 만드는 데 대략 세 시간을 매달렸다고 했다. "보트가 완성될 무렵 저는 그 세 시간 동안 수개월 만에 처음으로 마음의 편안과 평온을 맛보았음을 깨달았습니다. 그 사실을 깨닫자 저의 무력감이 가시기 시작했고, 그와 더불어 약간의 분별 있는 생각도 하게 되었습니다. 그렇습니다. 불현듯 저는 사람이 계획과 사고력을 요하는 어떤 일에 몰두하면 걱정할 틈이 없게 된다는 사실을 깨달았습니다. 저는 보트를 만드는 동안 거기에 집중하느라 다른 걱정을 할 여유가 없었습니다. 그래서 결심했지요. 계속 바쁘게 움직여야겠다고 말입니다. 다음 날 저녁, 집 안팎 구석구석을 살피면서 해야 할 일의 목록을 작성했습니다. 책장과 계단, 덧창, 블라인드, 문손잡이, 자물쇠, 물 새는 수도꼭지 등등 손봐야 할 곳이 한두 군데가 아니더군요. 놀랍게도 2주가 지나서 보니 그 목록에 242개의 항목이 적혀 있더군요."

그렇게 그는 무기력하고 침울하던 일상에서 벗어나 활기찬 나날을 보내기 시작했다고 말했다. "지난 2년 동안 저는 목록에 적힌 거의 모든 것을 고쳐 놓았습니다. 그와 동시에 저의 삶을 고무적인 활동들로 채워나갔습니다. 그래서 이제 매주 이틀 저녁은 이렇게 뉴욕에 와서 성인 교육 강좌를 듣고 있는 겁니다. 그뿐이 아닙니다. 저는 현재 지역사회의 시민 단체 활동에 참여하고 있으며, 학교 교육위원회 회장직도 수행하고 있습니다. 또한 적십자나 여타 단체의 기금

모금에도 활발하게 동참하곤 합니다. 요즘 제 생활은 어떨까요? 한 마디로 너무 바빠서 걱정이나 근심에 할애할 시간이 없습니다."

걱정할 시간이 없다! 전쟁이 한창일 무렵 윈스턴 처칠도 하루 18시간 이상을 일하면서 이 말을 했다. 처칠은 전쟁을 이끄는 데 따르는 막중한 책임감 때문에 근심 걱정에 시달리지 않느냐는 기자의 질문에 "너무 바빠서 걱정할 시간이 없소!"라고 답했다.

정신과 의사들은 바쁘게 일과를 보내는 것이 신경쇠약을 예방하는 최상의 방법 가운데 하나라고 말한다는 점을 참고하라.

Double-Check

▌ 잊지 마라. "날고 있는 새는 걱정할 틈이 없다."

제7강
사소한 거에 목숨 걸지 마라

아마 나는 이 극적인 이야기를 평생 잊지 못할 것이다. 뉴저지주 메이플우드에 사는 로버트 무어가 들려준 이야기다.

"1945년 3월, 저는 제 인생에서 가장 큰 교훈을 얻었습니다. 그 것도 인도차이나 앞바다의 수심 80미터에서 말입니다. 저는 당시 미 해군 잠수함 바야(S.S. 318)에 승선한 88명의 승조원 중 한 명이 었지요. 3월의 어느 날 우리는 거기서 일본군의 소규모 함대를 레 이더로 포착했습니다. 우리는 동이 트는 시각에 맞춰 수중 공격 태 세를 갖추었습니다. 잠망경으로 확인해보니 일본군 함대는 호위 구축함과 유조선, 기뢰 부설함 등으로 구성되었더군요. 우리가 호위 구축함을 향해 어뢰 세 발을 발사했지만 모두 빗나갔습니다. 어뢰의 역학에 무언가 문제가 생긴 것 같았습니다. 일본군 호위 구축함은 우리의 움직임을 눈치채지 못했는지 계속 항해를 이어갔습니다. 우리는 다시 함대의 후미에 있던 기뢰 부설함을 공격할 준비를 했지요. 그런데 갑자기 그 배가 방향을 틀어 우리가 있는 쪽으로 곧장 다가오기 시작했습니다. 공격을 위해 수심 20미터 지점까지 올라와 있던 우리 잠수함을 일본군 비행기가 발견하고 기뢰 부설함에 무전으로 알린 거였습니다. 우리는 탐지를 피하려고 수심 45미터까지 내려갔고, 곧바로 폭뢰 공격에 대비했습니다. 해치에 빗장을 추가하고 잠수함에서 발생하는 모든 소리를 제거하기 위해 환풍기와 냉각기 등 모든 전동 장치를 껐습니다.

"그리고 3분쯤 지났을 때 지옥과 같은 상황이 펼쳐졌습니다. 주변에서 폭뢰 여섯 발이 터졌고 우리 잠수함은 그 폭발력에 수심 84미터 지점까지 밀려 내려갔습니다. 우리는 모두 두려움에 떨었습니다. 수심 300미터 이내에서 공격을 받으면 위험하고, 수심 150미터 이내에서 공격을 받으면 거의 치명적이라 할 수 있는데, 우리는 150미터의 절반 정도밖에 되지 않는 수심에서 공격을 당하고 있었던 겁니다. 이후 일본군 기뢰 부설함은 장장 열다섯 시간 동안 폭뢰를 투하했습니다. 폭뢰가 반경 5미터 이내에서 터지면 그 충격으로 잠수함에 구멍이 납니다. 그런 폭뢰 수십 발이 우리 잠수함의 15미터 이내에서 계속 터졌습니다. 승조원들에게는 '자체 확보에 들어가라'는, 즉 각자의 침상에 조용히 누워 침착하게 대기하라는 명령이 떨어졌습니다. 저는 너무 겁이 나서 숨조차 제대로 쉴 수 없었습니다. '아, 이렇게 죽는구나.' 저는 몇 번이고 중얼거렸습니다. '이렇게 죽다니... 정말 이렇게 끝나는 건가.' 환풍기와 냉각기를 끈 탓에 잠수함 내부의 온도가 40도 가까이 올랐지만, 저는 계속 두려움으로 인한 한기에 떨며 스웨터와 털을 두른 재킷까지 껴입었습니다. 그런데도 여전히 추위에 몸이 떨리며 이빨까지 딱딱 부딪혔습니다. 온몸이 차갑고 축축한 땀에 푹 절었습니다. 그렇게 15시간이 흐른 후 갑자기 공격이 멈췄습니다. 일본군 기뢰 부설함이 폭뢰를 다 소진하고 돌아간 게 분명했습니다. 마치 1500만 년처럼 느껴지던 15시간이었습니다. 그때까지 살아온 저의 모든 삶이 머릿속을 스쳐 지나갔습니다. 지난날 제가 저지른 실수와 잘못, 터무니없이 걱정하고 안달했던 모든 사소한 일들이 떠올랐습니다. 저는 해군에 입대하기 전에 은행에서 일했는데, 근무시간은 긴데 연봉은 적고 승진할 가능성도 희박해서 걱정이 많았습니다. 집을 마련하지 못하는 것도, 새 차를 장만하지 못하는 것도, 아내에게 멋진 옷 한 벌 못 사주는 것도 늘 고민거리였습니다. 매번 잔소리하고 꾸짖는 상사가 얼마나 지겨웠는지 모릅니다. 그렇게 화가 나거나 짜증이 난 채로 귀가하면 또 사소한 일로 아내와 다퉜습니다. 자동차 사고로 이마에 생긴 흉터는 또 얼마나 고민이 됐는지 모릅니다.

"그 모든 걱정거리가 매번 그토록 크게 느껴졌었습니다. 그런데 계속해서 터지는 폭뢰 속에서 죽음의 문턱에 다다르니 참으로 어처구니없는 걱정들로 세월을 낭비했다는 생각이 들더군요. 저는 그 순간 제게 다시 삶이 허락된다면, 결단코 다시는 그런 일 따위로 걱정하지 않겠다고 맹세했습니다. 절대로! 무슨 일이 있어도! 그렇게 저는 죽음의 공포에 시달린 15시간 동안 대학을 다니며 4년 동안 배운 어떤 것보다 더 의미 있는 삶의 지혜를 배웠습니다."

Double-Check _____

1. 4만여 건의 이혼 소송을 중재한 시카고 법원의 조지프 새바스 판사는 이렇게 지적했다. "불행한 결혼은 사소한 말다툼에서 출발한다."

2. 뉴욕 카운티의 프랭크 호건 검사는 이렇게 말했다. "형사사건의 절반은 무례나 폄하 등과 같은 사소한 이유로 발생한다."

3. 무시하거나 잊으면 될 사소한 일로 화내지 마라.

4. 기억하라. "인생은 사소한 일에 연연하기엔 너무 짧다."

제8강
평균의 법칙을 떠올려라

(평균의 법칙: 관측 대상의 수가 적어도 결과는 평균값과 같을 것이라는 기대. 관측 대상의 수가 많아지면 표본의 평균값과 모집단의 실제 평균값의 차이가 매우 작아지기에 그렇게 기대할 수 있다. "대수의 법칙"이라고도 한다 – 역주)

나는 어린 시절 미주리주의 한 농장에서 자랐다. 어느 날 어머니를 도와 체리 씨를 빼고 있다가 갑자기 울기 시작했다. 어머니가 물었다. "데일, 대체 왜 우는 거니?"

나는 울면서 말했다. "내가 산 채로 땅속에 묻히는 일이 생길까 봐 무서워요!"

그 시절의 나는 걱정이 아주 많았다. 폭풍우가 몰아치면 벼락에 맞아 죽을까 봐 걱정했고, 흉년이라도 닥치면 식량이 부족해서 굶게 될까 봐 걱정했으며, 나중에 죽어서 지옥에 가게 될까 봐 무서웠다. 동네 형이 내 큰 귀를 자르겠다고 위협했을 때에도 실제로 그런 일이 벌어지면 어쩌나 걱정했고, 여자애들에게 인사를 건네고 싶으면서도 비웃음을 사지는 않을까 우려했다.

물론 세월이 흘러 나이가 더 들면서 나는 내가 걱정하던 문제의 99퍼센트는 절대 일어나지 않을 일이라는 것을 깨달았다. 사람이 벼락에 맞아 죽을 확률은 수백만 분의 1이고 산 채로 묻힐 확률은 그보다 더 희박하다는 것을 알게 되었기 때문일 것이다.

어린아이나 사춘기 청소년들만 터무니없는 걱정을 하는 게 아니다. 성인의 상당수도 그런 경향이 있기에 하는 말이다. 하지만 실제로 걱정할 만한 어느 정도의 이유가 있을 때조차도 평균의 법칙을 기억한다면 대부분의 걱정을 곧바로 떨쳐낼 수 있다.

얼마 전 집필 작업을 위해 머물던 캐나다의 한 휴양지에서 휴가 차 그곳을 찾은 샌프란시스코 출신의 샐린저 부부를 만났다. 나는 안정적이고 차분한 샐린저 부인에게서 걱정이 전혀 없을 것 같은 인상을 받았다. 어느 날 저녁, 벽난로 앞에 앉아 한담을 나누던 중 나는 부인에게 혹시 걱정으로 인해 고민해본 적이 있는지 물었다.

"고민해본 적이 있냐고요?" 부인은 이렇게 되묻고는 다음과 같은 이야기를 털어놓았다.

"사실은 걱정 때문에 제 인생이 완전히 망가졌던 적이 있어요. 걱정을 떨쳐내는 법을 배우기 전까지 10여 년을 스스로 만들어놓은 생지옥에서 살았답니다. 전 짜증이 심하고 성미가 불같았어요. 심한 불안감 속에서 살았고요. 예를 들면 매주 샌머테이오의 집에서 샌프란시스코까지 버스를 타고 쇼핑하러 가곤 했는데요. 쇼핑하는 내내 이런저런 걱정으로 안절부절못하기 일쑤였죠. '다리미 코드를 뽑아놓지 않고 나왔으면 어떡하지? 집에 불이 났을지도 몰라. 가정부가 아이들을 남겨둔 채 뛰쳐나간 건 아닐까? 아니야, 아이들은 밖에서 자전거 타고 놀고 있을 거야. 근데 차에 치이면 어떡하지? 그런 식으로 꼬리에 꼬리를 물고 걱정이 이어지는 통에 종종 식은땀이 흘렀고, 결국 모든 게 이상이 없는지 확인하기 위해 쇼핑 도중에 뛰쳐나와 집으로 돌아오곤 했어요. 당연히 첫 번째 결혼 생활은 재앙으로 끝났죠."

부인은 한숨을 쉰 후 말을 이었다. "현재의 남편, 그러니까 제 두 번째 남편은 변호사이에요. 어떤 것에도 좀처럼 걱정하는 법이 없는, 차분하고 분석적인 사람이지요. 제가 불안해하고 신경이 날카로워지면 남편은 이렇게 말해요. '자, 진정하고 한번 생각해봐요. 정말로 걱정스러운 게 무엇인가요? 그 일이 실제로 일어날 가능성이 얼마나 되는지 평균의 법칙으로 검토해봅시다.' 한번은 우리가 뉴멕시코주 앨버커키에서 칼스배드 동굴 국립공원에 가기 위해 비포장도로를 달리던 중에 엄청난 폭우가 쏟아졌어요. 자동차가 계속 미끄러지며 통제가 안 될 정도로 비가 내렸어요. 저는 우리 차가 미끄러져 도로 옆 배수로에 빠지면 어떡하냐는 걱정에 사로잡혔어요. 그러자 남편이 계속해서 제게 이렇게 말했지요. '내가 아주 천천히 운전하고 있으니 별일 없을 거예요. 설령 배수로에 빠지더라도 평균의 법칙을 적용해 따져보건대 우리가 다치게 되는 일은 없을 거예요.' 저는 남편의 평정심과 자신감을 보며 마음을 가라앉힐 수 있었지요. 이후로 유사한 상황에 처할 때마다 저는 남편의 권유에 따라 평균의 법칙으로 따져보며 불필요한 걱정을 덜어낼 수 있었어요. '평균의 법칙에 따르면 그런 일은 일어나지 않을 것이다.' 이 말이 제 걱정의 90퍼센트를 없애준 셈이지요. 덕분에 지난 20년간 제 삶은 기대했던 것보다 훨씬 아름답고 평화로웠답니다."

쓸데없는 걱정에서 벗어나고 싶다면?

1. 걱정할 만한 타당한 근거가 있는지 검토해보라.

2. 스스로 물어보라. "평균의 법칙을 적용해 따져보면 이 일이 실제로 일어날 확률이 얼마나 될까?"

제9강
피할 수 없다면 즐겨라

어린 시절, 집 근처의 버려진 통나무집 다락방에서 친구들과 놀다가 벌어진 일이다. 다락방 밖으로 기어 나온 나는 지붕 가장자리에서 아래로 뛰어내리기 위해 창문턱에 발을 디뎠다가 몸을 날렸다. 그때 왼손 집게손가락에 끼고 있던 반지가 통나무에 박혀 있던 못에 걸리는 바람에 손가락이 잘려나갔다.

나는 겪어본 바 없었던 아픔 속에서 비명을 지르며 공포에 휩싸였다. 죽을지도 모른다는 생각이 들었다. 하지만 치료를 받고 상처가 다 아문 후 나는 잘려나간 내 손가락에 대해 조금도 신경 쓰지 않았다. 걱정해봤자 무슨 소용이 있겠는가? 나는 피할 수 없는 그 사실을 그냥 받아들였다. 요즘은 내 왼손에 손가락이 네 개밖에 없다는 사실을 한 달 내내 잊고 지내기도 한다.

몇 년 전 뉴욕 시내에 있는 한 건물의 화물 엘리베이터 앞에서 어떤 남자를 보았다. 왼손이 손목 아래로 잘려있었다. 그에게 한쪽 손이 없는 게 신경 쓰이지 않는지 물었다. 남자가 대답했다. "아니요, 전혀요. 그 점에 대해 거의 생각하지도 않아요. 다만 아직 혼자 사는 관계로 바늘에 실을 꿰어야 하거나 그럴 때는 의식하지 않을 수 없지요."

우리 인간은 어떤 상황이든 신속하게 받아들일 수 있다. 때로 얼마나 빨리 상황에 적응하고 또 쉽게 잊는지, 실로 놀라울 따름이다. 네덜란드 암스테르담에 있는, 15세기에 건립된 한 성당의 유적에는 플라망어로 이런 문구가 적혀 있다. "상황이 그러하다. 결코 달라질 수 없다."

인생을 살다 보면 원치 않지만 피할 수 없는 상황을 다수 접하게 된다. 절대로 되돌릴 수도, 결코 달라질 수도 없는 그런 상황 말이다. 그 경우 우리에게 주어지는 선택은 둘 중 하나다. 현실을 받아들이고 순응하거나 현실을 부정하고 거부하다가 신경쇠약 등에 걸려 삶을 망치거나.

개인적으로 가장 존경하는 철학가인 윌리엄 제임스는 이런 현명한 조언을 남겼다. "이미 벌어진 상황은 받아들이는 것이 불행을 극복하는 첫걸음이다." 오리건주 포틀랜드에 거주하는 엘리자베스 콘리는 고통스러운 경험을 통해 이 사실을 깨달았다. 그녀는 최근에 내게 보낸 편지에 그 경험담을 담았다.

"북아프리카에서 날아온 우리 군의 승전보에 온 나라가 환호하던 바로 그날, 저는 국방부에서 보낸 한 통의 전보를 받았습니다. 제가 가장 사랑하는 조카가 전투 중에 실종되었다는 내용이었습니다. 며칠 후 또 한 통의 전보가 도착했는데, 조카의 사망 소식을 알리고 있더군요. 저는 형언할 수 없는 큰 슬픔에 빠졌습니다. 그 일이 있기 전까지 제 삶은 상당히 만족스러웠습니다. 좋아하는 일을 하고 있었고, 조카의 뒷바라지 또한 즐겁고 보람찼습니다. 제게는 아들이나 진배없는, 누구보다도 멋지고 늠름한 청년이었습니다... 그런데 청천벽력 같은 전보가 날아든 겁니다. 세상이 무너져 내렸습니다. 더 이상 살아갈 이유를 느낄 수가 없었습니다. 일에 신경 쓰지 않게 되었고 친구들도 등한시하게 되었지요. 모든 걸 놓아버렸습니다. 고통스럽고 화가 났기 때문입니다. 왜 내가 가장 사랑하는 조카를 데려간 거지? 왜 하필 착하디착한 우리 아이인 거냐고? 왜 앞날이 구만리 같은 젊은 애가 죽어야 하느냐고? 도저히 그 사실을 받아들일 수 없었습니다. 감당할 수 없을 정도로 비탄에 빠진 저는 일을 그만두고 어디론가 숨어버리고 싶었지요.

떠나려고 책상 정리를 하던 중 오랜 시간 잊고 있었던 편지를 발견했습니다. 수년 전 제 어머니가 돌아가셨을 때 조카가 제게 건넨 편지였습니다. 그 편지를 펼쳐서 다시 읽었습니다. '물론 우리 모두 할머니를 그리워할 거예요. 특히 이모의 상실감과 그리움은 누구보다 크겠지요. 하지만 저는 이모가 잘 이겨내리라고 믿어요. 이모는 훌륭한 인생 철학을 보유한 분이니까요. 저는 이모가 가르쳐주신 아름다운 진리를 늘 마음속에 새기고 있어요. 제가 어디에 있든, 얼마나 멀리 떨어져 있든 제게 가르쳐주신 웃으며 사는 법, 무슨 일이 닥쳐도 남자답게 헤쳐나가는 법 등을 항상 기억할 거예요.'

저는 그 편지를 읽고 또 읽었어요. 마치 조카가 옆에서 직접 이렇게 말하는 것 같았어요. '이모가 제게 가르쳐주신 그대로 하셔야 하잖아요? 무슨 일이 생겨도 헤치고 나아가야 하잖아요. 사적인 슬픔은 웃는 얼굴 뒤에 숨기고 기운차게 나아가야 하잖아요.' 다시 일상으로 돌아갔습니다. 슬퍼하는 것도, 현실을 거부하는 것도 그만두었습니다. 그리고 계속 제 자신에게 일렀습니다. '이미 벌어진 일이다. 상황은 되돌릴 수 없다. 하지만 조카가 바라는 대로 이겨내고 나아갈 수는 있다.' 저는 틈틈이 전선의 군인들에게, 다른 집의 아들딸들에게 위문편지를 쓰고 저녁 시간을 할애해 성인 교육 강좌를 수강하고 새로운 취미와 친구도 찾았습니다. 제게 생긴 변화는 믿을 수 없을 정도입니다. 제 삶에 평화가 찾아왔습니다. 저는 이제 지나버린 과거의 슬픔에 연연하는 일 없이 하루하루를 즐겁게 살고 있습니다."

피할 수 없다면 받아들이고 순응해야 한다. 쉽진 않지만, 차라리 즐기겠다는 마음을 먹으면 훨씬 수월하게 상황을 넘길 수 있을 뿐 아니라 의외의 좋은 결과도 얻을 수 있다.

1. 쇼펜하우어는 이렇게 말했다. "인생 여정의 보급품 중 가장 중요한 것은 체념의 기술이다."

2. 컬럼비아 대학의 학장을 지낸 호크스는 '엄마 거위'라는 동요의 일부 구절을 자신의 좌우명으로 삼았다.

   "태양 아래 모든 질병에는
   약이 있기도 하고, 없기도 해요.
   만약 약이 있다면 열심히 찾으세요.
   만약 약이 없다면 아예 신경 쓰지 마세요."

3. 라인홀드 리버 박사는 이렇게 기도했다. "신이시여, 바꿀 수 없는 것을 받아들일 수 있는 평정심과 바꿀 수 있는 것을 바꿀 수 있는 용기, 그리고 그 둘을 구별할 수 있는 지혜를 주시옵소서!"

제10강
손절매 기법을 활용하라

손절매는 주가가 떨어질 때 손해를 보더라도 매각해 추가 하락에 따르는 손실을 피하는 주식 투자 기법이다. 주식 투자의 기본 상식에 속하는 이 기법은 여러 다른 상황에서도 은유적 의미로 사람들 입에 오르내린다. 물론 여기서도 이 기법을 슬픔이나 걱정, 두려움 등의 부정적 감정에 활용하면 그 정도를 줄일 수 있다는 은유적 의미로 말하는 것이다.

실제 주식 투자상담사로 일하는 찰스 로버츠의 이야기를 들어보자.

"제가 애초에 텍사스에서 뉴욕으로 오게 된 것은 친구들이 주식 시장에 투자해보라고 만 달러를 모아주었기 때문이에요. 주식 투자에 대해 좀 안다고 자부하며 왔는데, 결과는 처참했지요. 일부 거래에선 돈을 따기도 했지만 얼마 지나지 않아 몽땅 다 잃었거든요. 제 돈을 잃은 건 그리 신경 쓰이지 않았지만, 친구들의 돈은... 엄청 미안하지 않을 수 없었지요. 우리의 모험이 그렇게 불행한 결말에 이르러 친구들 볼 면목이 없었는데, 놀랍게도 친구들은 오락거리 정도로 여기며 구제 불능의 낙천성을 보여주더군요.

사실 저는 상당 부분 운에 맡기거나 남의 말만 듣고 투자하곤 했어요. 그런 실수를 곱씹으며 주식시장으로 돌아가기 전에 성공의 비결을 알아내리라 마음먹었지요. 그래서 가장 성공적인 투자자 중 한 명인 버튼 S. 캐슬즈를 수소문해 찾아갔습니다. 캐슬즈 씨는 제가 전에 어떻게 거래했는지 몇 가지 물어본 다음, 주식 거래에서 가장 중요하게 여길 만한 원칙을 가르쳐주었습니다. '나는 모든 거래 건마다 손절매 주문을 해놓는다네. 예컨대 주당 50달러에 주식을 매입했다면 45달러로 손절매 주문을 걸어놓는 거지.' 그 주식이 해당 포인트 이하로 떨어지면 자동으로 팔리기 때문에, 손실이 그 수준에서 제한된다는 의미였지요. 그렇게 해야 다른 주식의 수익으로 손실을 메우고 일정 수준의 이익을 볼 수 있다는 얘깁니다.

저는 당연히 그 원칙을 따랐고, 이후 저나 제 고객은 큰 손실을 피할 수 있었습니다. 그러면서 그것을 이용하면 다른 부분에서도 손실을 줄일 수 있음을 깨달았습니다. 짜증 나는 일이나 화가 나는 일이 생길 때에도 손절매 주문을 넣기 시작했는데, 효과가 아주 좋았습니다. 예를 들면 한 친구와 종종 점심을 하는데, 그 친구가 약속 시간에 늦는 경우가 많았지요. 30분 지나도록 나타나지 않아 속을 태운 게 한두 번이 아니었어요. 결국 저는 걱정을 손절매하는 주문을 넣겠다고 그에게 통보했습니다. '빌, 자네를 기다리는 데 정확히 10분만 할애하겠다고 손절매 주문을 넣었네. 따라서 자네가 10분 이상 늦게 도착한다면 우리의 점심 약속은 허공으로 매각되는 거라네. 난 이미 가버리고 없을 거니까.'"

이 이야기를 듣고 나는 안타까움의 탄식을 토해냈다. 나도 진즉 이 방법을 알았더라면 얼마나 좋았을까! 나의 조급함과 노여움, 자기합리화 욕구, 후회 등 온갖 정신적, 감정적 부담에 대해 예전부터 손절매했다면 얼마나 좋았을까! 왜 그토록 어리석게도 심정적으로 상황을 부풀리며 마음의 평화를 망쳤을까?

100여 년 전의 어느 날 밤, 올빼미가 끼익 끼익 울던 월든 호숫가

숲에서 헨리 소로는 직접 만든 잉크에 자신이 키우던 거위의 깃털을 담가 가며 일기를 썼다. "어떤 것의 비용은 즉각적으로든 장기적으로든 그것에 들여야 하는 인생의 양이다." 다시 말해서 어떤 일에 너무 과하게 인생을 지불하는 것은 어리석기 짝이 없다는 뜻이다.

남북전쟁이 한창이던 어느 날, 링컨의 친구들이 그의 비열한 적을 맹렬히 비난하자 링컨은 이렇게 말했다. "자네들이 품은 개인적인 분노가 나의 분노보다 더 큰 것 같군. 어쩌면 내가 가진 분노가 너무 작은 건지도 모르겠네. 하지만 나는 그런 게 이롭다는 생각을 가져본 적이 없네. 싸우는 데 인생의 절반을 낭비해도 좋을 만큼 시간이 많은 사람은 없다네. 누구든 나에 대한 공격을 멈춘다면, 나는 그와의 지난 일은 절대 기억하지 않는다네."

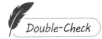
Double-Check

┃ 나쁜 일이 벌어진 후 거기에 상당한 양의 인생을 투자하고 싶은 유혹이 들 때마다 잠깐 멈춰서 스스로 다음 세 가지 질문을 던져보라.

1. 내가 신경 쓰는 그 문제는 내게 진정 얼마나 중요한 것인가?

2. 그 문제에 대해 어느 지점에서 '손절매' 주문을 넣고 잊으면 좋을까?

3. 이 감정에 정확히 얼마의 값을 치르는 게 맞는가? 이미 마땅한 가치 이상의 대가를 지불한 것은 아닌가?

제11강
톱밥은 톱질하지 마라

이 문장을 쓰는 지금 나는 창문 너머로 정원에 있는 공룡 발자국 화석을 보고 있다. 이판암에 남은 발자국이다. 예일대 피바디 박물관에서 구입한 것인데, 약 1억 8000만 년 전에 만들어진 것이라는 박물관 큐레이터의 편지도 함께 받았다. 어떤 바보도 저 발자국을 바꾸기 위해 1억 8000만 년 전으로 가보겠다는 망상에 빠지진 않을 것이다. 마찬가지로 180초 전에 일어난 일을 바꾸러 돌아가는 것도 불가능하다. 그런데 그럴 수 없다고 한탄하고 안타까워하고 걱정하는 사람들이 있다. 게다가 그런 사람들이 아주 많다.

과거가 건설적일 수 있는 유일한 방법은 과거의 실수를 차분히 분석하고 거기서 교훈을 얻은 다음 잊어버리는 것이다. 나는 이 사실을 잘 알고 있다. 하지만 그것을 실천할 용기와 분별력도 늘 있었을까? 수년 전, 30만 달러가 넘는 돈을 질질 흘리고 다니는 바람에 1달러의 이익도 남기지 못한 나의 경험담을 공유하고자 한다.

당시 나는 큰 규모로 성인 교육 사업을 시작해 여러 도시에 지점을 열고 간접비와 광고비에 돈을 아낌없이 투자했다. 하지만 나는 강의를 하느라 너무 바빠 재정을 돌볼 시간도, 그러고 싶은 마음도 없었다. 너무 순진했던 나는 지출을 주의 깊게 살펴볼 유능한 관리자가 필요하다는 사실조차 깨닫지 못했다.

그렇게 1년 정도가 흐른 후 나는 정신이 번쩍 드는 충격적인 사실을 알게 되었다. 엄청난 매출에도 불구하고 순익이 전혀 없다는 사실이었다. 이 사실을 안 후 나는 두 가지를 실행에 옮겨야 했다. 첫째, 조지 워싱턴 카버가 평생 저축한 40만 달러를 은행 파산으로 잃게 되었을 때 했던 그대로 해야 했다. 누군가 그에게 은행의 파산 소식을 들었느냐고 묻자 카버는 "네, 들었어요."라고 답하고 평소처럼 가르치는 일을 계속했다. 카버는 그렇게 은행 파산으로 인한 손실을 마음속에서 완전히 지워버리고 다시는 언급하지 않았다.

내가 두 번째로 해야 했던 일은 실수를 분석하고 그것을 통해 배우는 것이었다. 하지만 솔직히 나는 이 두 가지 중 어떤 일도 하지 못했다. 대신 걱정의 소용돌이에 휩싸여 몇 개월을 멍하니 지냈다. 잠을 제대로 못 자 체중도 줄었다. 그 큰 실수를 돌아보고 교훈을 얻는 대신 전과 똑같이 움직이며 규모는 작아졌지만 똑같은 실수를 반복했다.

뉴욕의 조지 워싱턴 고등학교를 다닌 앨런 손더스는 나와 달리 선생님을 잘 만나 이 교훈을 일찍부터 익혔다. 위생 과목을 가르친 폴 브랜드와인 선생님은 어느 날 앨런 반 학생들이 모인 과학실험실에 우유병을 들고 들어와 교탁 가장자리에 두었다. 학생들은 모두 우유를 주시했다. 다들 우유가 위생 수업과 어떤 관계가 있는 것으로 추정했다. 그런데 갑자기 브랜드와인 선생님이 우유병을 싱크대에 내리쳐 깨뜨리더니 이렇게 외쳤다. "쏟아진 우유를 놓고 울지 마라!" 선생님은 학생들 모두에게 싱크대로 와서 보라고 하면서 이렇게 말했다. "너희들이 평생 이 수업을 기억하기 바란다. 보다시피 우유는 배수구로 내려가서 이제 없다. 일단 배수구로 내려간 우유는 다시 주워 담을 수 없다. 예방에 주의를 기울였다면 우유를 쏟지 않았을 수도 있다. 하지만 지금은 너무 늦어버린 일이지. 우리가 할 수 있는 일이라곤 손실로 처리하고 잊어버린 다음, 하던 일을 계속 이어가는 것뿐이다."

손더스는 내게 이렇게 말했다. "열심히 익혔던 기하학과 라틴어는 지금 다 잊어버렸지만, 당시 잠깐 봤을 뿐인 그 일은 오래도록 기억에 남았습니다. 사실 3년 동안 고등학교에 다니면서 배운 그어떤 것보다 세상살이에 더 도움이 되는 교훈을 그날 그 자리에서 배웠습니다."

어떤 독자들은 너무 진부한 교훈이라며 코웃음을 칠지도 모른다. 비슷한 격언을 수없이 들어봤을 테니 그럴 만도 하다. 나도 이것이 진부하고 평범하며 특별할 게 없다는 것을 잘 알고 있다. 하지만 그런 격언이 어떻게 나왔으며 어떤 과정을 통해 지금까지 인구에 회자되는지 생각해볼 필요가 있다. 인류의 혹독한 경험의 결과로 나와 수없이 많은 세대를 거쳐 전해지고 전해진 격언이다. 모든 시대를 관통하는 지혜의 정수를 담고 있다는 뜻이다.

〈필라델피아불리틴〉의 편집장이었던 프레드 F. 셰드는 오래된 진리를 새롭고 생생하게 표현하는 재능이 있었다. 셰드는 어느 날 대학졸업반 학생들을 대상으로 강연하는 자리에서 이런 질문을 던졌다. "여러분 중에 나무를 톱질해본 사람 있나요? 손들어 보세요." 대부분이 손을 들자 셰드가 다시 질문했다. "그럼 손든 학생 중에 톱밥을 톱질해본 사람도 있나요?" 아무도 손을 들지 않았다.

"당연히 톱밥은 톱질할 수 없지요! 이미 톱질이 된 것이니까요. 과거도 마찬가지입니다. 이미 지나간 일, 이미 벌어진 일을 후회하거나 걱정하는 것은 톱밥을 톱질하려는 것과 똑같은 겁니다."

Double-Check

❘ 기억하라. "흘러간 물로는 물레방아를 돌릴 수 없다."

제12강
처음부터 다시 시작하고픈
유혹을 경계하라

삶은 결단코 평탄하지 않다. 사람이라면 대부분 삶의 특정 시점에서 이런저런 이유로 위기에 처하거나 실패를 겪기 마련이다. 사업이든 직장 생활이든 결혼 생활이든 마찬가지다, 평생 아무런 장애도 겪지 않고 순조롭게 살다가 인생을 마감한 사람이 있다면, 신의 아들이라 칭해도 무방할 것이다. (사실 우리가 알고 있는 그 신의 아들도 얼마나 큰 시련과 고통 끝에 죽음을 맞이했던가.)

사람을 가장 무력하게 만드는 것은 환경이 안겨주는 고난이나 실패이다. 자신의 실수나 잘못으로 시련을 겪게 되면 대개 그 원인을 알기에 어느 정도는 수긍이 가고 나름의 해결책도 눈에 보이지만,

자신은 그저 열심히 살아온 죄밖에 없는데 주변의 환경 변화로, 일테면 기상이변이나 전염병, 정세 전환 등과 같은 외부 요인으로 인해 막대한 피해를 입거나 커다란 곤경에 처하면 억울하다는 생각에 무력감부터 밀려온다는 얘기다.

그런 무력감에서 벗어나고자 애쓸 때 사람들 머릿속을 파고드는 강력한 유혹 중 하나가 바로 '처음부터 다시 시작하고픈' 마음이다. 배우자의 실수로 결혼 생활이 파탄 날 지경에 이르면, '갈라서고 새 출발 하자'는 마음부터 들고 시장의 변화로 사업이 휘청거리면 '때려치우고 아예 다른 사업을 하자'는 충동이 일기 마련이다. 그것이 무조건 잘못된 선택이라는 의미는 아니다. 다만 무엇이든 새로 다시 시작하는 것은 그만큼 더 어려운 일이라는 사실부터 상기하자는 뜻이다.

이 사실을 다른 각도에서 한 번 더 음미해보자. 자동차를 발명한 사람은 과연 바퀴부터 발명했을까? 라디오 방송을 처음 내보낸 사람은 과연 무선전신부터 발명했을까? 현대 건축의 아버지 르 코르뷔지에는 과연 고대의 토굴집부터 설계한 사람인가? 모차르트는 과연 피아노를 만들고 음표를 개발한 인물인가? 모두 기존의 무언가를 토대로 해당 부문을 한 단계 더 발전시켰다는 얘기다. 바꿔 말해서 기존의 그 무엇이 없었다면, 이들의 성취도 불가능했을 것이라는 의미다.

아예 처음부터 다시 시작하는 것은 그렇게 어려운 일이다. 그렇기에 무언가가 잘못되었을 경우, 일단은 잘못된 부분을 고치거나 기존의 상황을 활용해 해결책을 찾는 게 우선이다. 사업상의 난관도 마찬가지다. 지금 보유한 무엇, 즉 그동안 축적한 노하우나 유무형의 자산을 활용해 해결책을 찾는 게 우선이다. 아예 때려치우고 출발점으로 돌아가는 것은 어떤 경우에든 최후의 선택안이 되어야 한다.

Double-Check

"뛰다가 넘어지면 그 자리에서 다시 뛰는 게 유리할까, 출발점으로 되돌아가 다시 뛰는 게 유리할까?"

"매번 새로 시작하기엔 인생이 그리 길지 않다."

제13강
생각이 인생을 만든다

　몇 년 전, 한 라디오 프로그램에 출연해 이런 질문을 받은 적이 있다. "지금까지 살아오면서 깨달은 가장 큰 교훈은 무엇인가요?" 답은 쉬웠다. 내가 지금까지 얻은 깨달음 중 가장 필수적인 교훈이라면 단연 생각의 중요성을 꼽을 수 있기 때문이다. 만약 내가 당신의 생각을 읽을 수 있다면 당신이 어떤 사람인지도 알 수 있다. 우리의 생각은 우리가 누구인지를 결정짓는다. 우리의 정신 자세는 우리의 운명을 결정하는 X 인자, 즉 핵심적이고 특별한 요소다. 시인 겸 사상가 랄프 왈도 에머슨은 이렇게 말했다. "온종일 생각하는 모든 것, 그것이 바로 그 사람이다." 나는 우리가 해결해야 할 가장 큰 문제이며 거의 유일한 문제는 올바른 생각을 선택하는 것이라고 확신한다. 그렇게만 한다면 우리는 인생의 모든 문제를 해결할 수 있는 왕도에 오를 것이다.

실용심리학에 관한 한 타의 추종을 불허했던 윌리엄 제임스는 다음과 같이 논평했다. "인간의 행동은 감정을 뒤따르는 것으로 보이지만, 사실 행동과 감정은 함께 움직인다. 따라서 의지를 통해 보다 직접적으로 조절할 수 있는 행동을 통제하면 (그렇게 쉽게 조절할 수 없는) 감정까지 간접적으로 통제할 수 있다." 다시 말해서 마음을 다짐으로써 감정을 즉각적으로 변화시키는 것은 힘들지만 행동은 비교적 쉽게 조절할 수 있으며, 그렇게 행동을 바꾸면 감정도 저절로 바뀐다는 얘기다. "그러므로 즐겁지 않을 때 의도적으로 기분을 전환할 수 있는 자주적인 방법은 유쾌한 자세를 취하고 이미 유쾌한 것처럼 말하고 행동하는 것이다."

이런 단순한 속임수가 과연 효과가 있을까? 한번 시도해보라. 얼굴 가득 크고 환한 미소를 띠고 어깨를 활짝 펴고 숨을 깊이 들이마시고 노래를 불러보라. 노래가 불편하면 휘파람도 좋고 흥얼거림도 괜찮다. 윌리엄 제임스가 말한 바를 이해하게 될 것이다. 밝고 기쁜

게 행동하면서 우울한 기분을 유지하기는 물리적으로 불가능하다.

윌리엄 제임스의 이 말도 기억하자. "내면의 자세를 두려움에서 투지로 바꾸는 간단한 변화만으로도 악이라 부르는 것들이 상쾌하고 기운이 돋는 선으로 바뀔 수 있다."

행복을 위해 맞서 싸우자! 즐겁고 건설적인 생각을 할 수 있도록 돕는 하루의 계획을 실행에 옮기며 행복해지려고 노력하자. 그런 계획을 하나 소개하겠다. 이 계획의 제목은 "오늘만큼은"이다.

오늘만큼은

1. 오늘만큼은 행복할 것이다. 링컨은 말했다. "사람들 대부분은 행복하려고 마음먹는 만큼 행복해진다." 행복은 내면에서 나오는 것이지 외부에서 오는 게 아니다.

2. 오늘만큼은 모든 것에 나를 맞추겠다. 나의 욕구에 맞추려 하지 않고, 가족과 일, 운을 다가오는 그대로 받아들이고 나 자신을 거기에 맞출 것이다.

3. 오늘만큼은 몸을 돌보겠다. 학대하거나 방치하는 일 없이 운동

하고 보살핌으로써 나의 몸을 삶을 위한 완벽한 장비로 만들겠다.

4. 오늘만큼은 내 마음을 강인하게 단련하겠다. 빈둥거리며 시간만 보내지 않고 무언가 유용한 것을 배우겠다. 생각과 집중을 요하는 무언가를 읽겠다.

5. 오늘만큼은 세 가지 방법으로 영혼을 훈련하겠다. 선의를 베풀 것이고 티를 내지 않을 것이며 하고 싶진 않지만 필요한 일도 하겠다.

6. 오늘만큼은 호감 가는 사람이 되겠다. 될 수 있는 한 단정하게 차려입고 조용히 말하며 예의를 지키고 관대하게 칭찬하겠다. 타인의 단점을 찾거나 비난하지도 않고 통제하거나 가르치려 들지도 않겠다.

7. 오늘만큼은 오늘만 살도록 노력하겠다. 인생 전체의 문제를 단번에 해결하려 하지 않겠다. 평생 해야 한다면 끔찍해서 못할 일도 열두 시간 동안이라면 얼마든지 해낼 수 있지 않은가.

8. 오늘만큼은 계획을 세워보겠다. 매시간 할 일을 적어보겠다. 정확하게 따르지는 못하더라도 하나하나 해나가 보겠다. 그렇게 하면 서두름과 망설임이라는 두 가지 병폐가 제거될 것이다.

9. 오늘만큼은 30분 동안 조용히 혼자 시간을 보내며 긴장을 풀겠다.

10. 오늘만큼은 두려워하지 않겠다. 특히 기뻐하기를, 아름다움을 즐기기를, 사랑하기를, 내가 사랑하고 나를 사랑하는 이들을 믿기를 두려워하지 않겠다.

Double-Check

> 즐겁게 생각하고 행동하라. 그러면 기분이 좋아질 것이고, 하루하루를 기분 좋게 살면 인생이 달라질 것이다. 밀턴은 시력을 잃고 나서 다음과 같은 사실을 깨달았다. "생각은 나름의 자리를 차지하며, 본질적으로 지옥을 천국으로, 천국을 지옥으로 만들 수 있다." 나폴레옹과 헬렌 켈러는 밀턴의 말을 입증하는 가장 적합한 예다. 나폴레옹은 대부분이 갈망하는 영광과 권력, 부를 모두 차지했지만, 유배지인 세인트헬레나 섬에서 이렇게 말했다. "내 생애 행복했던 날은 단 6일도 되지 않았다." 반면에 헬렌 켈러는 보지도 듣지도 말하지도 못했지만, 인생을 이렇게 표현했다. "인생은 진정 아름답다."

제14강
복수심에는
대가가 따른다

수년 전 어느 저녁, 옐로스톤 공원을 유람하던 중 다른 관광객들과 함께 소나무와 전나무로 울창한 숲을 향해 마련된 관람석에 앉았다. 이윽고 숲속의 공포라 불리는 회색곰이 환하게 비춘 조명 빛 아래로 성큼성큼 걸어 나오더니 공원에 딸린 호텔 식당에서 내다버린 음식쓰레기 더미를 집어삼키기 시작했다. 삼림 관리원인 마틴 데일 대령은 말 위에 앉은 채 회색곰에 관해 관광객들에게 설명해 주었다. 대령은 회색곰이 서구에서는 아마도 버팔로나 알래스카불곰 정도를 제외하고는 그 어떤 동물보다도 강할 것이라고 말했다. 하지만 그날 밤 내 시선을 끈 것은 회색곰이 그 환한 불빛 아래에서

한 동물에게 자기와 함께 음식을 먹도록 허용하는 모습이었다. 그 동물은 바로 스컹크였다. 회색곰은 자신의 강력한 앞발을 한 번만 휘두르면 스컹크를 정리할 수 있다는 걸 알고 있었다. 그런데 왜 그러지 않았을까? 그래 봤자 이로울 게 없다는 걸 경험으로 알고 있었기 때문이다.

나도 그 사실을 알고 있었다. 어린 시절 미주리주의 농장에서 자라면서 나는 관목들 사이에 덫을 놓아 네 발로 걷는 스컹크를 잡은 적이 있었고, 성인이 되어서는 뉴욕의 인도를 걷다가 두 발로 걷는 스컹크와 마주치기도 했다. 그런 쓰라린 경험을 통해 나는 어떤 종류의 스컹크든 괴롭혀서 이로울 게 없다는 사실을 배웠다.

적을 증오하면 우리는 그들에게 우리를 지배할 힘을 부여하는 셈이 된다. 우리의 수면과 식욕, 혈압, 건강, 행복이 지배당하게 되기에 하는 말이다. 우리를 얼마나 걱정하게 만들고 괴롭게 만들며 앙갚음을 하고 있는지 알기만 하면 적들은 기뻐서 춤을 출 것이다. 우리가 품은 증오는 적에게 상처를 주는 것이 아니라 외려 우리 자신의 낮과 밤을 지옥과 같은 혼란에 빠뜨린다는 얘기다.

〈라이프〉지에 이런 내용이 실린 적이 있다. "고혈압에 시달리는 사람들의 주된 성격적 특성은 분개심을 자주 느낀다는 것이다. 억울하고 분한 감정을 자주 품게 되면 고혈압과 심장질환에 취약해진다." 그렇다면 "원수를 사랑하라."라고 한 예수의 말씀은 인간의 올바른 도리에 대한 설교인 동시에 현대 의학의 올바른 방향에 대한 가르침이기도 한 셈이다. "일곱 번씩 일흔 번을 용서하라."라고 말씀하신 것이 결국 우리 모두에게 고혈압과 심장질환, 위궤양 그리고 여타의 질병들을 예방하는 법을 알려주시기 위함이었다는 뜻이다.

지금 내 앞에는 스웨덴의 웁살라에서 조지 로나가 보낸 편지가 놓여 있다. 미국 태생의 조지는 수년간 비엔나에서 변호사로 일했지만, 2차 세계 대전의 발발로 스웨덴으로 피신하게 되었다. 조지는 무일푼 신세라 일자리를 절실히 필요로 했다. 여러 개의 언어를 말하고 쓸 줄 알았던 그는 무역 관련 회사의 해외 연락 담당으로 일하고 싶었다. 그는 관련 회사들을 물색해 지원서를 보냈고 대부분의 회사로부터 전쟁 중이라 지금은 필요 없지만 그런 직원이 필요하게 되면 연락하겠다는 식의 답장을 받았다.

하지만 한 남자는 조지에게 다음과 같은 내용의 편지를 보냈다.

"당신은 내가 하는 사업에 대해 잘못 알고 있습니다. 게다가 어리석기까지 하군요. 나는 연락 담당 같은 것이 필요하지 않습니다. 설령 그런 직원이 필요하더라도 당신을 고용하지는 않을 거 같군요. 당신의 스웨덴어가 많이 부족하기 때문입니다. 당신의 지원서는 실수투성이라오."

그 편지를 읽자 조지는 분노가 치솟아 올랐다. '내가 스웨덴어로 쓴 글이 엉망이라고? 무슨 헛소리야? 자기는 스웨덴 사람이면서 이렇게 실수투성이인 편지를 보내놓고?' 그래서 조지 로나는 상대도 분통을 터뜨리게 만들 요량으로 편지를 써내려가기 시작했다. 그러다가 어느 순간 잠시 멈추었다. 그는 스스로 물어보았다. '잠깐 기다려봐. 이 남자의 말이 틀렸다는 걸 어떻게 확신하지? 스웨덴어를 공부하긴 했지만 모국어가 아니기에 나도 모르게 실수를 저질렀을 수도 있잖아. 그렇다면 일자리를 구하려면 더 열심히 더 공부해야 한다는 얘기지. 이 남자는 설령 의도하지 않았더라도 나에게 도움을 준 셈이야. 어투가 무례하다는 그 단순한 사실이 내가 그에게 빚을 졌다는 사실까지 바꾸지는 않아.' 여기까지 생각이 미친 조지는 신랄한 조롱조로 써내려간 편지를 찢어버리고 새로운 편지에 이렇게 썼다. "연락 담당 직원이 필요하지 않음에도 제게 답변을 해주셔서 감사합니다. 귀사의 사업에 대해 잘못 생각한 점에 대해 사과 드립니다. 제가 지원서를 보낸 이유는 해당 분야에 대해 알아볼 때 귀사가 선두주자라는 소개를 받았기 때문입니다. 편지를 쓰면서 문법적인 실수를 했다는 사실을 몰랐습니다. 죄송하고 부끄럽습니다. 이제부터 스웨덴어를 더욱더 열심히 공부해서 실수를 줄이려고 하겠습니다. 제가 발전할 수 있도록 도움을 주셔서 감사합니다." 며칠 후 조지는 그 사람으로부터 만나고 싶다는 내용의 답장을 받았다. 조지는 그를 만나러 갔고, 일자리도 얻었다.

Double-Check

1. 오래된 격언 중에 이런 말이 있다. "바보는 화를 낼 줄 모르지만, 현자는 화를 내지 않는다."

2. 적에게 앙갚음하려 하지 마라. 그러면 적보다 나 자신이 더 상처를 많이 입게 되기 때문이다. 아이젠하워 장군이 그랬듯이, 좋아하지 않는 사람에 대해 고민하느라 1분도 낭비하지 말자.

제15강
타인의 감사는
아예 기대하지 마라

최근에 텍사스에서 사업가를 한 명 만났는데, 그는 화가 잔뜩 나 있었다. 그는 약 1년 전에 일어난 어떤 사건 때문에 아직도 화를 내며 계속 그에 관한 이야기만 했다. 크리스마스 보너스로 직원 34명에게 300달러 씩 총 1만 달러가 넘는 돈을 썼는데 고맙다는 인사를 한 직원이 한 명도 없다는 사실이 그가 화난 이유였다. 그는 이렇게 투덜거렸다. "한 푼도 주지 말았어야 했는데... 정말 후회스럽습니다."

사업가의 나이는 약 60세였다. 오늘날 생명보험 회사들은 80세에서 현재 나이를 뺀 수치의 3분의 2를 평균적인 잔여 수명으로 본다. 그렇다면 이 사람은 앞으로 잘해봤자 14년에서 15년 정도를 더 사는 것인데, 얼마 남지 않은 그 시간 중 거의 1년을 속상하고 화난 상태로 허비한 셈이다. 안타깝고 불쌍하지 않을 수 없었다.

그는 분개하며 한탄하는 대신 왜 자신이 감사의 인사를 받지 못했는지 스스로 돌아봤어야 했다. 어쩌면 직원들에게 급여는 충분히 주지 않으면서 일은 과도하게 시켰는지도, 어쩌면 직원들은 크리스마스 보너스를 선물이 아니라 당연히 받아야 할 무언가로 여겼는지도 모른다. 어쩌면 그가 너무 비판적이고 다가서기 어려운 사장이라 누구도 감히 나설 생각을 못했을지도, 어쩌면 어차피 세금으로 나갈 돈이 보너스로 돌아온 것으로 여겼을지도 모른다. 다른 한편으로는 직원들이 이기적이고 천박하고 예의를 모르는 사람들일 수도 있다. 이런저런 이유가 있을 수 있다는 뜻이다. 나 역시 여러분과 마찬가지로 자세한 맥락은 알지 못한다.

하지만 나는 새뮤얼 존슨 박사가 한 말은 알고 있다. "감사는 고귀한 수양의 결실이다. 교양이 부족한 사람들에게서는 찾기 힘든 무엇이다." 이것이 내가 말하고자 하는 요점이다. 그 사업가는 감사를 기대하는, 인간적이면서도 고통스러운 실수를 범했다. 그는 인간의 본성을 잘 몰랐던 것이다.

판사가 되기 전 형사사건 전문 변호사로 활동했던 새뮤얼 라이보비츠는 전기의자에 앉을 뻔한 78명의 목숨을 구해주었다. 그들 중 몇 명이나 그를 찾아와 감사를 표했을 것 같은가? 혹은 크리스마스 카드라도 보낸 사람은 몇 명이나 될 것 같은가? 그렇다. 한 명도 없었다.

어느 날 오후, 예수는 나병 환자 열 명을 치료해주었다. 그들 중 몇 명이나 예수를 찾아와 감사의 인사를 올렸을까? 단 한 명뿐이었다. 〈누가복음〉에 나온다. 예수가 사도들을 돌아보며 "나머지 아홉은 어디에 있느냐?"라고 물었다. 하지만 이미 그들은 모두 사라지고 없었다. 한번 생각해보자. 우리가, 혹은 이 텍사스 사업가가 과연 작은 친절을 베풀었다고 해서 예수보다 더 많은 감사를 기대할 이유가 있는가?

만약 당신이 친척에게 100만 달러를 준다면 그 사람은 당신에게 얼마나 고마워할 것으로 기대하는가? 앤드류 카네기가 정확히 그렇게 했다. 하지만 만약 얼마 후 앤드류가 무덤에서 돌아왔다면, 그 친척이 자신을 비난하는 것을 보고 충격을 받았을 것이다. 대체 왜 비난하는 것일까? 그 친척의 표현을 빌리자면, 앤드류 카네기가 자선단체에는 3억 6500만 달러나 기부해놓고 자신에게는 '쥐꼬리만 한 100만 달러만 떼어주고 말았기' 때문이었다.

이것이 인간이다. 인간의 본성은 언제나 그랬고 지금도 그러하며 앞으로도 바뀌지 않을 것이다. 그렇다면 받아들여야 하지 않겠는가?

▌1. 로마제국을 통치한 황제들 가운데 가장 현명한 인물로 평가받는 마르쿠스 아우렐리우스는 일기에 이렇게 썼다. "나는 오늘 지나치게 말이 많은 사람들을 만날 것이다. 이기적이고 자기중심적이며 감사할 줄 모르는 인간들. 하지만 나는 놀라거나 동요하지 않을 것이다. 그런 사람들이 없는 세상은 상상할 수 없기 때문이다."

2. 만약 우리가 감사를 표할 줄 모르는 사람들에 대해 불평하고 다닌다면 잘못은 어디에 있는 것일까? 인간 본성인가, 아니면 인간 본성에 대한 우리의 무지인가?

3. 타인의 감사를 기대하지 말자. 그러면 어쩌다 감사의 인사를 접하는 경우 얼마나 반갑고 기쁘겠는가.

4. 감사를 기대하는 대신 베푸는 데에서 즐거움을 찾는 게 현명한 처사다.

5. 감사할 줄 안다는 것은 수양의 문제다. 자녀에게 고마워하는 법을 가르쳐라.

제16강
생각해보라,
그리고 감사하라

다음은 내 강좌의 매니저로 일한 적이 있는 해럴드 애버트의 사례다. "저는 원래 걱정이 많은 사람이었습니다. 하지만 1934년의 어느 봄날, 웹시티의 웨스트도허티 거리를 걷다가 제 모든 걱정을 날려버리는 장면을 접하게 되었습니다. 다 합쳐서 10초 정도 벌어진 일이었지만, 그 10초 동안에 저는 삶을 살아가는 법에 대해 이전의 10년 동안 배운 것보다 더 많은 것을 알게 되었습니다.

당시 저는 웹시티에서 2년 동안 운영하던 식료품점을 막 폐업한 상태였습니다. 그 2년 사이에 모아둔 돈을 전부 날렸을 뿐 아니라 앞으로 7년에 걸쳐 갚아야 할 빚까지 생겼지요. 식료품점이 그전 주 토요일에 문을 닫았기에 그날 저는 캔자스시티로 일자리를 구하러 가는 데 필요한 돈을 좀 빌리기 위해 머천츠앤드마이너즈 은행에 가는 길이었습니다. 자신감도 의욕도 모두 상실한 저는 당연히 축 늘어진 채 터벅터벅 걷고 있었지요. 그러던 중 갑자기 다리가 없는 한 남자가 눈에 들어왔습니다. 그는 롤러스케이트 바퀴를 단 작은 나무판 위에 앉아 양손에 쥔 나무막대로 땅을 밀면서 길을 따라 움직이고 있었습니다. 그가 막 길을 건너서 인도로 올라오려고 나무판을 기울일 때 우리의 눈이 마주쳤습니다. 그는 활짝 웃으며 인사말을 건넸습니다. '안녕하세요. 좋은 아침이에요. 그렇지 않아요?' 목소리에 생기가 흘렀습니다. 그런 그를 보니 이런저런 생각이 들지 않을 수 없었지요. 제가 얼마나 가진 게 많은지... 두 다리로 걸을 수 있다는 사실 하나만도 엄청난 재산으로 느껴졌습니다. 자기 연민에 빠져 허덕였던 게 부끄러웠습니다. 두 다리가 없는데도 저렇게 행복하고 쾌활하고 자신만만할 수 있다면, 두 다리 멀쩡한 저는 당연히 그래야 한다는 생각이 들었습니다. 그 순간 가슴이 활짝 펴지는 느낌이 들었습니다. 저는 은행에서 100달러를 빌릴 요량이었지만 이제 200달러를 빌릴 용기가 생겼습니다. 캔자스시티에 가서 일자리를 한번 알아볼 거라고 말하려 했지만, 이제 캔자스시티에서 일자리를 얻을 계획이라고 자신 있게 말할 수 있었습니다. 저는 대출을 받고 일자리를 구했습니다. 요즘 저는 화장실 거울에 이렇게 쓴 종이를 붙여놓고 매일 아침 면도할 때마다 봅니다. '나는 마땅한 신발이 없어서 우울했다. 거리에서 발이 없는 사람을 만나기 전까지는 말이다.'"

언젠가 에디 리켄베커에게 물었다. 태평양에서 일행과 구명보트를 타고 21일 동안 표류하던 상황에서 많은 걸 느끼고 배웠을 텐데 그중 가장 큰 교훈을 꼽는다면? 그는 이렇게 답했다. "거기서 제가 배운 가장 큰 교훈은 언제든 마실 수 있는 신선한 물과 언제든 먹을 수 있는 식량만 있다면 그 어떤 것에 대해서도 불평해서는 안 된다는 겁니다."

〈타임〉지에 과달카날 전투에서 부상당한 한 병사에 대한 기사가 실린 적이 있다. 목에 포탄 파편을 맞은 그 병장은 일곱 차례나 수혈을 받았다. 말을 할 수 없었던 그는 종이에 글을 써서 의사에게 질문했다. "제가 살 수 있나요?" 의사가 "그렇다."라고 대답했다. 병장은 다시 질문을 적었다. "말을 할 수 있게 될까요?" 이번에도 그렇다는 대답이 돌아왔다. 그러자 그는 또 다른 말을 적었다. "그렇다면 걱정할 게 한 개도 없네요."

"생각해보라, 그리고 감사하라(Think and Thank)"라는 문구는 영국 내 크롬웰풍 교회에 많이 새겨져 있다. 우리도 마음속에 이 말을 새겨야 한다. 남보다 조금이라도 더 가진 것에 대해 생각하고 그 풍부함과 은혜를 신에게 감사해야 한다.

Double-Check

1. 우리가 살아가면서 겪는 일의 약 90퍼센트는 좋은 일이고 약 10퍼센트는 나쁜 일이다. 어느 쪽에 집중하고 어느 쪽을 무시해야 행복해지겠는가.

2. 〈걸리버 여행기〉의 저자 조나단 스위프트는 이렇게 말했다. "이 세상 최고의 의사들은 바로 식습관 박사와 평온 박사 그리고 웃음 박사이다."

3. 없는 것의 수를 세지 말고 가진 것의 수를 세라.

제17강
죽은 개는
아무도 발로 차지 않는다

1929년 미국 교육계에 엄청난 파문을 일으키는 사건이 시카고에서 발생했다. 미국 전역의 학자들이 이 사건을 직접 눈으로 확인하기 위해 시카고로 몰려들 정도였다. 그 일이 있기 몇 년 전, 로버트 허친스라는 청년이 웨이터, 벌목꾼, 가정교사, 빨랫줄 판매원 등으로 일하며 예일대를 졸업했다. 그런 그가 고작 8년이 지난 지금, 미국에서 네 번째로 부유한 대학인 시카고 대학의 총장 취임을 앞두고 있었다. 겨우 서른 살의 나이였다. 놀랍지 않은가! 교육계의 원로들은 고개를 저었다. 비판이 마치 산사태처럼 이 '천재 청년'에게 쏟아졌다. 너무 젊은 데다가 경험이 없을 뿐만 아니라 교육에 관한 발상이 비현실적이라는 것이었다. 신문들까지 공격에 동참했다.

　그가 취임하던 날, 한 친구가 로버트 허친스의 아버지에게 이렇게 말했다. "오늘 아침에 아드님을 비난하는 신문 사설을 읽고 충격을 받았습니다." 허친스의 아버지는 이렇게 답했다. "그래, 심하긴 하더군. 하지만 명심해야 할 것은 죽은 개를 발로 차는 사람은 아무도 없다는 사실이지."

　맞는 얘기다. 그리고 걷어차는 대상이 중요한 인물일수록 사람들이 얻는 만족감이 커진다는 것 역시 사실이다. 에드워드 8세는 황태자 시절 이 사실을 아주 직접적으로, 뼈저리게 체험했다. 그가 미국의 해군사관학교에 해당하는 영국 데번셔의 다트머스 대학에 다닐 때의 일이다. 당시 왕자의 나이는 고작 열네 살이었다. 어느 날 사관 중 한 명이 왕자가 울고 있는 것을 발견하고 무슨 일인지 물었다. 왕자는 처음에는 말하길 거부하다가 결국 다른 후보생 몇몇이 자신을 발로 걷어차서 그런다고 털어놓았다. 학장은 생도들을 소집한 후 왕자가 직접 항의한 것은 아니지만 어째서 왕자가 유독 그런 거친 대접을 받고 있는지 알고 싶다고 말했다. 한참을 우물쭈물하며 주저하던 후보생들이 결국 실토한 내용은 나중에 해군 장교가 되었을 때 왕을 발로 찬 적이 있다고 자랑하고 싶어서 그랬다는 것이었다.

따라서 당신이 걷어차이거나 비판을 받는 것은 대개 그렇게 하는 사람들이 그런 행위를 통해 모종의 중요한 감정을 느낄 수 있기 때문임을 기억해야 한다. 다시 말해서 그것은 대개 당신이 무언가를 성취해냈거나 주목받을 자격이 있음을 의미한다는 얘기다. 많은 사람이 자기보다 교육을 더 받았거나 성공한 사람을 비난하는 행위에서 미개한 만족감을 얻는다.

최근 나는 어떤 여성에게서 구세군을 창설한 윌리엄 부스 장군을 비난하는 내용의 편지를 받았다. 내가 방송에 나가 부스 장군을 칭송한 적이 있었기 때문이다. 그런 연유로 이 여성은 부스 장군이 가난한 사람들을 돕는다는 명분으로 모금한 800만 달러를 착복했다고 비난하는 내용의 편지를 내게 보낸 것이다. 물론 이런 비난은 터무니없는 것이었다. 하지만 그녀는 진실을 찾고 있는 게 아니라 그저 자신보다 높은 곳에 있는 누군가를 비방함으로써 얻는 비열한 만족감을 추구하고 있었다. 나는 그 천박한 편지를 휴지통에 던져버리고, 내가 그런 여자와 결혼하지 않았음을 신께 감사드렸다. 그녀의 편지는 내게 부스 장군에 대해서는 아무것도 알려주지 못했지만, 그녀에 대해서만큼은 많은 것을 알려주었다.

우리 대부분은 사소한 험담이나 조롱도 너무 심각하게 받아들인다. 나 역시 몇 년 전 그런 상황을 겪었다. 〈뉴욕선〉지의 기자가 나의 성인 교육 강좌 설명회에 참석한 후 나와 나의 일을 풍자하는 기사를 실은 것이다. 나는 그 일을 개인적 모욕으로 받아들였다. 나는 해당 신문의 운영위원회 의장인 길 호지스에게 전화를 걸어 조롱 대신 사실을 전하는 기사를 쓰게 하라고 항의조로 요구했다. 나는 그들의 행태를 적절히 응징하리라고 굳은 결심까지 다졌다.

이제 나는 그 행동을 부끄럽게 생각한다. 사실 그 신문을 본 사람 중 절반이 그 기사를 보지 않았을 것이고, 그 기사를 읽은 사람 중 절반은 악의 없는 흥미성 기사로 받아들였을 것이며, 그 기사를 읽고 고소한 사람 중 절반은 몇 주 만에 기사 내용을 잊어버렸을 것이다.

나는 최근에야 사람들이 당신이나 나에 대해 그다지 생각하지도 않고, 우리를 어떻게 평가하는지에 대해서도 그리 신경 쓰지 않음을 알게 되었다. 사람들은 아침을 먹기 전에도, 아침을 먹은 후에도, 그리고 자정을 넘어 10분이 지날 때까지도 자기 자신에 대해서만 생각한다. 당신이나 나의 죽음에 대한 뉴스보다도 자신의 가벼운 두통에 수백 배는 더 관심을 쏟는다.

우리는 사람들이 부당하게 우리를 비난하지 못하게 할 수는 없어도, 그보다 훨씬 더 중요한 일은 할 수 있다. 부당한 비판이 우리를 휘저어놓도록 놔둘지 말지를 결정할 수 있다는 뜻이다. 명확히 하자면 모든 비판을 무시하라는 의미가 아니다. 그래서는 안 된다. 오직 부당한 비판만을 무시하자는 얘기다.

Double-Check

1. 쇼펜하우어는 이렇게 말했다. "천박한 사람들은 위대한 사람의 단점이나 어리석은 실수에서 큰 기쁨을 느낀다."

2. 부당한 비판은 대개 위장된 칭찬임을 기억하라.

3. 당신이 할 수 있는 최선을 다하라. 그런 다음에는 낡은 우산이라도 펴서 비난의 비가 당신의 목을 타고 흘러내리지 않게 하라.

제18강
스스로 자신의
냉철한 비평가가 돼라

나는 개인 캐비닛에 "FTD"라고 표시한 서류철을 두고 있다. "FTD"는 "내가 저지른 바보짓(Fool Things 1 Have Done)"의 줄임말이다. 말 그대로 내가 저지른 바보 같은 일들을 기록해 보관하는 서류철이다. 때로는 비서에게 해당 메모를 받아적게 하지만, 때로는 너무 사적이거나 너무 어리석은 짓거리라서 내가 직접 적어놓는다. 나는 15년 전에 "FTD"에 올렸던 나 자신에 대한 비판 몇 가지를 아직도 기억한다. 만약 내가 스스로 철저하게 솔직했다면 필경 이 캐비닛은 "FTD" 서류철로 넘쳐났을 것이다. 서류철을 꺼내 내가 적은 나에 대한 비판들을 다시 읽으면 당면한 힘든 문제들을 해결하는 데 도움을 얻을 수 있다. 이것이 바로 데일 카네기의 자기 경영법 중 하나다.

　과거에 나는 내 문제들에 대해 다른 사람들을 탓하곤 했다. 하지만 나이가 들고 (희망컨대) 더 현명해지면서 내가 겪는 거의 모든 불운의 원인이 궁극적으로 내게 있음을 깨달았다. 많은 사람이 이 사실을 나이가 들면서 깨닫는다. 세인트헬레나에 유배되어 있던 나폴레옹도 이렇게 말했다. "다른 사람이 아니라 바로 나였다. 나의 몰락에 책임이 있는 사람은 다름 아닌 나였다. 나는 나 자신의 가장 큰 적이었으며, 내 비참한 운명의 원인이었다."

　벤저민 프랭클린은 청년 시절 매일 밤 스스로 반성하는 시간을 가졌다. 얼마 후 그는 자신에게 열세 가지 심각한 결점이 있다는 것을 알았다. 그중 특히 심각한 세 가지가 시간을 허비하는 버릇, 하찮은 일에 마음 졸이는 습성, 사람들과 말다툼하는 습관이었다. 현명한 프랭클린은 이런 문제점을 극복하지 않고서는 원하는 바를 이룰 수도, 크게 성공할 수도 없다는 것을 알았다. 그래서 일주일에 하나씩 단점을 고쳐나가기로 결심하고 매일 그 주의 단점과 전투를 벌인 후 어느 쪽이 승리했는지 기록했다. 다음 주에는 또 다른 나쁜 습관을 골라 글러브를 끼고 링에 오르는 방식이었다. 프랭클린은 그렇게 매주 자신의 단점 하나와 싸우는 노력을 2년 이상 기울였다. 프랭클린이 미국 역사상 가장 영향력 있는, 모든 이가 존경하고 흠모하는 지도자가 된 것도 놀라운 일이 아니다!

앨버트 허버드는 말했다. "모든 사람이 매일 적어도 5분은 지독한 바보가 된다. 지혜는 그 한도를 넘어서지 않는 데 있다." 그릇이 작은 사람은 아주 작은 비판에도 화를 내지만, 지혜로운 사람은 책망 또는 비난을 가하거나 이의를 제기한 사람들에게서도 배우고자 한다. 월트 휘트먼은 이렇게 말했다. "당신을 칭찬하거나 배려하는 사람들, 당신을 위해 비켜서는 사람들에게서만 교훈을 얻고 있는가? 당신을 거부하거나 맞서 싸우려는 사람들, 당신의 길을 막아서는 사람들에게는 큰 교훈을 얻지 못하는가?"

적이 우리나 우리의 일에 대해 비판하는 것을 기다리는 대신, 그들보다 먼저 우리 스스로 우리의 비판자가 되어야 한다. 스스로 자신에 대한 가장 혹독한 비평가가 되자는 의미다. 적이 약점을 잡아 이용하기 전에 우리 스스로 모든 약점을 찾아 개선하면 어떤 공격도 두려워할 이유가 없지 않겠는가. 이게 바로 찰스 다윈의 방법이었다. 다윈은 무려 15년이라는 시간을 자기 자신을 비평하는 데 소비했다. 다윈은 〈종의 기원〉의 원고를 완성했을 때 창조에 관한 자신의 혁명적 이론이 발표되면 학계와 종교계가 벌집을 쑤신 듯 들고일어날 것임을 알았다. 그래서 스스로 자신의 비평가가 되어 자료를 검토하고 추론을 검증하고 결론을 비판하면서 15년을 보낸 것이다.

누군가가 당신을 지독한 바보라고 폄훼하면 당신은 어떻게 하겠는가? 화를 낼 것인가? 가서 싸울 것인가? 링컨은 어떻게 했는지 살펴보자. 링컨 내각의 육군 장관이었던 에드워드 M. 스탠턴이 한번은 링컨을 '지독한 바보'라고 칭했다. 링컨이 어떤 이기적인 정치가의 요구에 따라 특정 연대들을 이동 배치하라는 명령에 서명했는데, 그 명령이 불합리하다고 판단했기 때문이다. 스탠턴은 링컨의 명령을 거부했을 뿐만 아니라 링컨이 그런 명령에 서명하다니 지독한 바보가 틀림없다고 말했다. 어떤 일이 일어났을까? 스탠턴의 비난을 전해 들은 링컨은 조용히 대답했다. "내가 지독한 바보라고 스탠턴이 말했다면, 내가 바보짓을 했을 가능성이 크다. 그는 거의 항상 옳기 때문이지. 내가 가서 직접 확인해봐야 마땅해." 링컨은 스탠턴을 만나러 갔고, 스탠턴은 그 명령이 잘못된 이유를 설명했으며, 링컨은 명령을 철회했다. 지식과 정보에 기반하고 진지하며 이로운 비판이라면 링컨은 기꺼이 이해하고 받아들일 줄 알았다.

Double-Check

1. 스스로 저지른 바보짓을 기록하고 비판하자. 사람은 완벽할 수 없으므로 E. H. 리틀이 그랬던 것처럼 편견 없고 도움이 되는 건설적인 비판을 주변에 요청하자.

2. 아인슈타인도 자신이 내렸던 결론의 99퍼센트는 틀린 것이었다고 고백한 바 있다.

3. 프랑수아 드 라 로슈푸코는 이렇게 말했다. "적의 의견은 우리의 의견보다 더 진실에 가깝다."

제19강
휴식을 습관화하라

피로는 종종 불안을 유발하거나 적어도 불안에 취약하게 만든다. 의사들은 피로가 감기나 다른 많은 질병에 대한 저항력을 떨어뜨린다고 말하고, 심리학자들은 피로가 두려움과 걱정에 대한 저항력을 낮춘다고 말한다. 결국 피로가 쌓이는 걸 예방하는 것이 신체적 건강은 물론 정신적 건강에도 필수적이라는 얘기다.

시카고 대학 임상심리학 실험실 책임자로서 〈꾸준한 휴식〉과 〈휴식이 필수〉라는, 휴식에 관한 책 두 권을 발표한 에드먼드 제이콥슨 박사는 그 어떤 신경과민이나 부정적 감정도 완전한 휴식 상태에서는 일어날 수 없다고 단언한다. 다시 말해 쉬면서 걱정할 수는 없다는 얘기다. 따라서 피로와 불안을 막는 제1 규칙은 "피곤해지기 전에 쉬는 것"이다.

미 육군은 반복적인 실험을 통해 수년간 군사훈련으로 단련된 젊은 남성도 매시간 군장을 내려놓고 10분씩 쉬고 나면(그러니까 50분 움직이고 10분 쉬면) 행군을 더 잘할 수 있고 더 오래 할 수 있다는 것을 발견했다. 이후 이 방식은 실제로 미군의 행군에 적용된 것은 물론 세계 각국의 군대에도 전파되었다.

심장도 군대만큼이나 현명하게 작동한다. 심장은 한순간도 멈추지 않고 몸 구석구석이 살아 움직이도록 충분한 혈액을 공급하는데, 그 놀라운 노동을 50년, 70년, 때로는 90년 이상 수행한다. 심장은 어떻게 이 일을 버텨내는 것일까? 하버드 의대의 월터 B. 캐넌 박사는 이렇게 설명한다. "사람들 대부분은 심장이 쉼 없이 일한다고 생각합니다. 그러나 사실 심장은 한 번 수축할 때마다 짧은 시간 확실하게 휴식을 취합니다. 심장이 평균적으로 분당 70회 뛴다는 것은 곧 그 사이에 일정하게 70번 쉬기도 한다는 것이므로 실제로 작동하는 시간은 24시간 중 9시간에 불과합니다. 하루에 모두 합쳐

15시간은 쉰다는 뜻입니다."

석유 재벌 존 D. 록펠러는 두 가지 놀랄만한 기록을 남겼다. 당대 세계 최고의 부자가 되었고 98세까지 살았다는 것이 그 두 가지다. 그의 장수 비결은 무엇이었을까? 물론 그 주된 이유는 유전자 덕분이겠지만, 또 한 가지 분명한 이유는 매일 정오에 30분씩 낮잠을 잤기 때문이다. 존은 사무실 카우치에 누워서 수면을 취하곤 했는데, 그가 낮잠을 자는 동안에는 미국 대통령이 전화해도 통화할 수 없었다.

대니얼 W. 조슬린은 탁월한 저서 〈왜 피곤하게 사는가?〉에 이렇게 썼다. "휴식은 아무것도 하지 않는 것을 의미하는 게 아니다. 휴식은 치료의 시간이다." 아주 짧은 휴식도 치유력이 대단해서 단 5분의 낮잠도 피로를 예방하는 데 큰 도움이 된다고 한다. 놀랍지 않은가! 야구계의 원로 코니 맥은 선수 시절 경기가 있는 날이면 반드시 오후에 낮잠을 잤다고 내게 말했다. 그렇게 하지 않으면 5회가 끝날 무렵 완전히 지쳐버리기 때문이었다. 하지만 낮잠을 자면, 단 5분만 낮잠을 자도, 더블헤더(같은 팀끼리 하루 두 차례 시합을 치르는 것 - 옮긴이)를 뛰고도 피곤한 줄 몰랐다고 한다.

한번은 내가 엘리너 루스벨트 여사에게 백악관에 있던 12년간 어떻게 그렇게 무리한 일정을 소화할 수 있었는지 물었다. 그녀는 사람들을 만나거나 연설을 하기 전에 종종 의자나 큰 소파에 앉아 20분간 눈을 감고 휴식을 취하는 습관을 들인 덕분이라고 대답했다. 또 한번은 메디슨 스퀘어 가든의 분장실에서 진 오트리를 인터뷰했다. 그는 거기서 열린 로데오 세계 챔피언전에서 특별 공연을 맡고 있었다. 분장실에는 군용 침대가 한 개 놓여 있었다. 오트리는 이렇게 설명했다. "공연이 비는 오후마다 거기에 드러누워 한 시간씩 낮잠을 잡니다. 할리우드에서 촬영할 때는 큼직하고 편한 의자를 가져다 놓고 하루에 두세 차례 10분씩 낮잠을 자곤 하지요. 그래야 기운이 솟구치거든요."

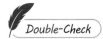
Double-Check

1. 에디슨은 자고 싶을 때마다 잤기에 엄청난 활력과 지구력을 유지하며 일할 수 있었다고 했다.

2. 80세의 나이에도 생기를 유지하는 비결을 묻자 헨리 포드는 이렇게 답했다. "나는 앉을 수 있을 때 절대로 서지 않고, 누울 수 있을 때 절대로 앉지 않습니다."

3. 어떤 상황에서든 "10분간 휴식"을 고수하라.

제20강
업무 습관을 개선해
피로를 예방하고
효율을 증대하라

■ 좋은 업무 습관 1

당면한 업무와 관계없는 서류나 자료는 책상 위에서 치워라.

워싱턴에 있는 국회도서관을 방문하면 시인 알렉산더 포프가 남긴 문장을 천장에서 발견할 수 있다. "질서는 하늘의 제1 법칙이다 Order is Heaven's first law)."

질서는 업무에서도 첫 번째 법칙이 되어야만 한다. 하지만 실상은 어떠한가? 일반적으로 사무실 책상은 몇 주째 들여다보지 않는 서류들로 어수선하기 일쑤다. 뉴올리언스에 있는 한 신문출판업자는 비서가 책상을 정리하고 나서야 2년 동안 안 보이던 타자기를 찾았다고 내게 말하기도 했다. 어지러운 책상을 쳐다보면 그 자체만으로도 혼란과 긴장, 걱정이 유발된다. 더 나쁜 것은 '해야 할 많은 일과 그것들을 처리할 시간이 없는 상황'에 대한 끊임없는 자각이다. 그런 자각이 되풀이되면 긴장과 피로가 생길 뿐만 아니라 고혈압이나 심장질환, 위염까지 유발될 수 있다.

■ 좋은 업무 습관 2

중요도를 고려해 일의 순서를 정하라.

전국 곳곳에 지점을 둔 시티즈 서비스 컴퍼니의 설립자 헨리 L. 도허티는 급여를 아무리 많이 줘도 직원들에게서 찾아보기 힘든 능력이 두 가지 있다고 했다. 그 중요한 두 가지는 생각하는 능력과 중요한 순서대로 일하는 능력이다. 찰스 럭맨은 평사원으로 출발해 12년 후에 웹소던트 사의 사장이 되었는데, 연봉으로 수십만 달러를 받았고 따로 또 100만 달러를 벌었다. 럭맨 사장은 자신이 성공한 이유로 헨리 도허티가 직원에게서 찾기 힘들다고 한 그 두 가지 능력을 계발한 덕분이라고 자신 있게 말한다. "저는 아주 예전부터 새벽 다섯 시에 일어나고 있습니다. 그때가 생각을 정리하기에 하루 중 가장 좋은 시간이거든요. 생각을 잘할 수 있는 그 시간에 저는 중요한 순서를 따지고 그에 따라 일을 처리할 계획을 세웁니다."

내 오랜 경험에 비춰보면 살면서 언제나 중요도를 따르며 일을 처리할 수는 없다. 하지만 우선순위를 정하고 계획적으로 일하면 즉흥적으로 일하는 것보다 훨씬 더 나은 성과를 얻을 수 있다.

■ 좋은 업무 습관 3
결정을 미루지 마라.

문제에 직면했을 때 결정에 필요한 정보를 알고 있다면 바로 그 자리에서 해결하라는 뜻이다. 내 강좌를 수강한 바 있는 H. P. 하웰은 US스틸에서 이사로 재직하던 시절의 일화를 들려주었다. "이사회에 참석하면 많은 안건이 논의되곤 했는데, 그 자리에서 결론이 거의 나지 않아 다음 회의로 넘어가는 경우가 허다했지요. 그래서 이사들은 다시 검토해야 할 보고서 뭉치를 집에 들고 가곤 했어요. 결국 제가 이사들을 설득했지요. 한 번에 한 가지 안건만 논의에 올리고 그 자리에서 결론을 내리자고 말이에요. 그 이후로는 지연되는 일도, 미뤄지는 일도 없었지요. 물론 결정이 내려진 이후에 나중에 다시 추가적인 결정을 내려야 하는 경우도 생기긴 했지만, 어쨌든 이사회에 상정된 안건은 차례차례 결정이 내려져 실행에 옮겨졌고, 덕분에 이사들이 보고서를 잔뜩 들고 집에 가는 일도, 해결되지 않은 사안에 대해 걱정하는 일도 없어졌습니다."

■ 좋은 업무 습관 4

업무를 체계화하고 위임하고 지휘하라.

자신이 맡은 일을 위임하는 방법을 배우지 못하고 모든 일을 혼자서 다 하겠다고 고집부리다 결국 신체적 또는 정신적 건강을 해치는 직장인이 의외로 많다. 그런 사람들은 대개 서두름이나 걱정, 두려움, 긴장감에 끌려다니기 때문이다. 책임을 위임하는 법을 배우는 것은 쉬운 일이 아니다. 나도 잘 안다. 나 역시 힘겹게 배웠다. 지독히도 어려웠다. 적합하지 않은 사람에게 권한을 위임할 경우 재앙이 발생할 수 있다는 것도 경험으로 알고 있다. 하지만 그것이 아무리 어려워도 경영자나 관리자라면 권한 위임법을 반드시 익혀야 한다. 그래야 자신의 건강을 지키는 동시에 성과 개선과 인재 개발까지 꾀할 수 있다. 큰 사업체를 일구고도 업무를 체계화하고 위임하고 관리하는 법을 배우지 못한 이들은 대부분 50대나 60대 초반에 긴장과 걱정이 초래하는 심장질환으로 세상을 떠난다. 구체적인 예시를 원하는가? 그렇다면 아무 신문이나 펼쳐 부고란을 살펴보라.

Double-Check

| 다음 사항에 대해 각각 1분씩 투자해서 생각해보라.

1. 질서는 세상의 첫 번째 법칙이다.

2. 우선순위는 성과 달성의 왕도다.

3. 미루면 일과 함께 걱정도 쌓인다.

4. 내가 없어도 세상은 잘 돌아간다.

제21강
재물 말고
추억을 축적하라

오늘은 주변에서 종종 볼 수 있는 안타까운 부자들에 대해 함께 생각해보기로 하자. 건물이나 토지, 혹은 여타의 가치가 상당한 자산 등을 소유하고 있으면서도 아주 빈궁하게 사는 사람들 말이다. 미리 말하지만, 빈궁은 근검절약과 거리가 멀다. 불필요한 소비를 피하고 아껴 쓰는 것이 근검절약이라면 빈궁은 필요한 소비조차 적절히 취하지 못하는 상황이기 때문이다.

우리 동네에 사는 스미스 씨(가명)의 경우를 한번 살펴보자. 그는 정말 열심히 산다. 그런 성실한 자세 덕분에 중년에 접어들며 4층 짜리 주거용 건물을 장만할 수 있었다. 그는 건물의 1층과 2층, 3층은 세를 주고 4층에서 부인과 함께 거주한다. 1층과 2층, 3층에서 나오는 임대료만으로도 스미스 부부는 비교적 궁색하지 않은 삶을 영위할 수 있다. 하지만 부부는 70을 바라보는 나이에도 일을 다닌다. 남편은 어시장에서 잡부로 일하고 부인은 인근 식당에서 주방 일을 돕는다. 그 나이에도 여전히 일하는 것이 문제라는 얘기가 아니다. 오히려 그 나이에 그렇게 움직이며 일할 수 있다는 것은 격려하고 부러워해야 할 사항이다. 문제는 그 부부가 먹고살기 위해 어쩔 수 없이 그런 일을 해야 하는 사람들처럼 일하고 생활한다는 점이다. 남편은 늘 생선 비린내에 찌든 옷을 입고 다니고 아내는 누가 봐도 불쌍한 할머니 차림새로 다닌다. 부부는 외식 한번 하는 일도 없다. 모르는 사람은 절대로 그 부부가 건물주일 것으로 생각하지 못한다.

사실 나는 전에는 그 부부를 존경했었다. 건물 임대료로 놀면서 살 수 있음에도 열심히 일하러 다닐 뿐만 아니라 남들이 뭐라 해도 흔들림 없이 절약하고 절제하는 자세를 보면서 말이다. 그러면서 그들이 65세쯤 되면 일을 그만두고 그동안 모아둔 돈으로 은퇴 생활을 만끽할 것으로 믿었다. 근사한 외식을 즐기고 크루즈 여행도 다니며 누구보다 멋지게 인생 말년을 보낼 계획인 것으로 알았다. 그도 그럴 것이, 아주 단순히 계산해서 건물만 팔아도 30년 동안 여유롭게 쓰고도 남을 정도였으니까.

하지만 그들은 계속 일하고 계속 궁핍하게 살았다. 그리고 이제 내일모레면 둘 다 일흔 살이 된다. 이제는 은퇴 계획이 있겠지 생각하면서 그 흔한 격언을 앞세워 그들에게 말했다. "Collect Moments, Not Things (재물 말고 추억을 축적하라). 이런 말이 있잖아요. 이제는 인생을 좀 즐기면서 아름다운 추억을 쌓고 그래야 하지 않을까요? 평생 힘들게 일한 기억만 안고 생을 마감할 거예요? 사실 지금도 많이 늦은 거라고요."

부부는 서로 쳐다보며 엷은 미소를 흘리다 마침내 남편이 말했다. "그냥 이렇게 일하는 게 좋아요. 놀 줄도 모르고요." 옆에서 부인이 거들었다. "어쨌든 자식들한테 손 안 벌리고 살고 있잖아요. 우린 부자예요."

맞다. 그들은 부자다. 그들은 분명 부자로 죽을 것이다. 평생을 가난하게 살다가 부자로 죽을 것이다. 다 갖고 가서 하늘나라에서 부자로 살 모양이다.

Double-Check

"부자로 살 것인가, 부자로 죽을 것인가?"
"기력이 떨어지면 만사가 귀찮고 힘들어진다."
"초년에는 일할 준비를 하고 중년에는 열심히 일하고 노년에는 일을 놓고 노는 것이
바람직한 삶 아닐까?"

제22강
꿀을 얻고 싶으면
벌통은 걷어차지 마라

　뉴욕의 악명 높은 싱싱 교도소에서 수년간 소장으로 재직한 워든 로스는 이렇게 말했다. "싱싱 교도소에 수감된 범죄자 중 자신을 나쁜 사람이라고 여기는 이는 거의 없습니다. 그들도 우리와 마찬가지로 그저 인간일 뿐입니다. 자신의 행위를 합리화하려 들거나 변명에 매달린다는 뜻이지요. 그들은 왜 금고를 털거나 방아쇠를 당겨야 했는지 해명할 수 있습니다. 대부분 논리를 가장하거나 혹은 궤변을 늘어놓으면서 자신의 반사회적인 행동을 자기 자신에게도 정당화하려 애쓰고, 결과적으로 자신들은 절대 수감되지 말았어야 한다고 완강히 주장합니다."

알 카포네와 '쌍권총' 크로울리, 더치 슐츠 등 철창에 갇힌 범죄자들이 결단코 자신의 잘못을 인정하지 않는다면, 그렇다면 당신이나 내 주변에 있는 사람들은 어떠한가? 미국 최초의 백화점 설립자존 워너메이커는 이렇게 고백한 바 있다. "남을 비난하는 것이 얼마나 어리석은 짓인지를 나는 30년 전에 깨달았다. 나는 신께서 지적인 능력을 골고루 나눠주는 게 적합하지 않다고 보았다는 사실은 도외시한 채 나 자신의 한계를 극복하느라 합당한 고생을 치렀다." 워너메이커는 이 교훈을 비교적 일찍 깨달은 셈이다. 하지만 나는 30년 넘게 갖은 착오 속에서 헤맨 뒤에야 '사람들은 자신의 잘못이 아무리 분명해도 100번 중 99번은 절대 자신의 잘못을 인정하지 않는다'라는 사실을 깨달았다.

비난은 아무런 소용이 없다. 비난을 가하면 상대는 방어 태세를 취하고 대개는 스스로 정당화하려 애쓰기 때문이다. 비난은 또한 위험하다. 상대의 소중한 자존심을 다치게 하고 자존감에 상처를 입혀 분노를 유발하기 때문이다. 독일 군대는 불만스런 일이 생기더라도 병사들이 곧바로 불평하거나 비판하는 것을 금하고 있다. 우선 하룻밤 자면서 열을 식히라는 뜻이다. 즉각적으로 불만을 제기하는 병사는 처벌받는다. 다소 극단적으로 말하자면, 나는 군대가 아닌 일반 사회에서도 비슷한 규제를 따라야 한다고 생각한다. 매사에 불평불만이 심한 부모, 끊임없이 잔소리하는 아내, 사사건건 나무라는 고용주 등 타인의 결점을 들춰내는 데 몰두하는 모든 사람을 규제하는 법규 같은 게 있으면 이 사회는 한결 아름다워질 것이기에 하는 소리다.

인간의 역사에는 비난이 얼마나 헛된지를 보여주는 예시가 가득하다. 시어도어 루스벨트와 윌리엄 하워드 태프트 대통령의 논쟁을 보자. 이 논쟁으로 인해 공화당이 분열되었고, 그 결과 민주당의 우드로 윌슨이 대통령에 당선되었으며 세계 대전에 대담하고 선명한 획이 그어짐으로써 세계 역사의 흐름이 바뀌었다. 당시의 논쟁을 간략히 되짚어보자.

1908년 시어도어 루스벨트는 태프트의 대통령 당선을 도운 후 대통령직에서 물러나 아프리카로 사자 사냥을 떠났다. 하지만 아프리카에서 돌아온 루스벨트는 태프트의 보수적 행보를 맹렬히 비난했고, 공화당의 차기 대선 후보 지명전에 나섰다가 좌절되자 진보 정당인 불무스당(Bull Moose Party)을 창당했다. 결과적으로 공화당은 붕괴 수준에 이르렀고 공화당 후보 윌리엄 하워드 태프트는 버몬트주와 유다주 두 곳만 챙기는, 공화당 역사상 최악의 참패를 기록했다.

　루스벨트는 참패의 원인이 태프트에게 있다고 비난했다. 그렇다면 태프트 대통령도 자책했을까? 물론 아니다. 태프트는 눈물까지 글썽거리며 말했다. "제가 처한 상황에서는 달리 어쩔 방도가 없었습니다." 자기로서는 상황에 맞춰 최선을 다했다는 얘기다. 그렇다면 우리는 누구를 비난해야 하는가? 루스벨트인가, 태프트인가? 솔직히 잘 모르겠고, 알고 싶지도 않다. 내가 말하고자 하는 요점은 루스벨트가 아무리 비난해도 태프트는 자신의 잘못을 인정하지 않았다는 사실일 뿐이다. 루스벨트의 맹비난은 태프트가 자신을 정당화하려 애쓰고 눈물을 글썽이며 '달리 어쩔 방도가 없었다'라는 말만 되풀이하도록 만들었을 뿐이다.

　비난은 통신용 비둘기와 같아 언제나 출발지로 되돌아온다. 우리가 비난을 통해 바로 잡으려는 사람은 대개 스스로를 정당화하고 역으로 우리를 비난하러 나선다. 아니면 잘해봤자 온화한 태프트처럼 "달리 어쩔 수 없었다."라고 말할 것이다.

1. 링컨은 자신의 명령을 따르지 않아 승기를 놓친 미드 장군에게 잘못을 탓하는 내용의 편지를 최대한 "온화하고 정중한" 어투로 썼다. 그리고… 그 편지를 부치지 않았다.

2. 로버트 브라우닝은 말했다. "사람은 자기 자신과 싸움을 시작할 때 비로소 가치 있는 존재가 된다." 자신을 완성하는 데는 오랜 시간이 걸린다. 설령 남을 비난하고 싶더라도 그것은 자신을 완성한 다음의 일이라는 것을 명심해야 한다.

3. 공자는 물었다. "네 집 앞 계단에 눈이 쌓였는데, 이웃집 지붕에 쌓인 눈을 탓하느냐?"

4. 벤저민 프랭클린은 말했다. "나는 누군가의 나쁜 점은 말하지 않는다. 대신 내가 느끼는 좋은 점은 전부 다 말한다."

5. 신은 인간이 죽기 전까지는 심판하지 않는다. 그런데 어떻게 감히 당신이나 내가 살아 있는 누군가를 심판하려 하는가?

원하는 것을 주라

누군가에게 무언가를 하게 만드는 방법은 하늘 아래 단 한 가지 뿐이다. 혹시 이에 대해 생각해본 적이 있는가? 그 방법은 바로 그 사람이 그것을 하고 싶게끔 만드는 것이다. 기억하라. 다른 방법은 없다.

물론 누군가의 옆구리에 총을 들이밀고 지갑을 내놓게 만들거나 해고하겠다는 위협으로 직원들이 적어도 표면적으론 협조하게 하거나 회초리를 들고 화를 냄으로써 아이에게 원하는 무언가를 시킬 수는 있다. 하지만 이런 강제적인 방법들은 필연적으로 원치 않는

반발을 불러일으킨다. 사람을 움직이려면 상대가 원하는 것을 해주는 것이 바람직한 유일한 방법이라는 얘기다.

20세기 최고의 정신분석학자 지그문트 프로이트는 사람들의 모든 행동이 두 가지 동기, 즉 성적인 욕망과 위대해지려는 욕망에서 비롯된다고 말했다. 당대의 가장 저명한 철학자 존 듀이는 이 말을 조금 다르게 표현했다. 듀이 박사는 인간의 본성에서 가장 심오한 욕구는 '중요한 사람이 되고자 하는 욕망'이라고 했다.

당신은 무엇을 원하는가? 당신이 간절히 바라고 갈망하는 것은 그렇게 많지는 않지만 부인할 수 없을 정도로 강력하다. 사람들 대부분이 정말로 원하는 것을 정리하면 다음과 같다.

1. 건강과 장수
2. 음식
3. 잠
4. 돈
5. 내세의 삶
6. 성적 만족

7. 자녀의 행복

8. 자신이 중요한 사람이라는 느낌

    이러한 바람 중에서 식욕이나 수면욕만큼 강력하고 절실하지만 좀처럼 충족되지 않는 욕구가 무엇이라고 생각하는가? 그렇다. 프로이트는 '위대해지려는 욕망'이라고 했고 듀이는 '중요한 사람이 되고자 하는 욕망'이라고 한 그것이다. 윌리엄 제임스는 인간 본성에서 가장 심오한 원리가 "인정받고자 하는 갈망"이라고 했다. '소망'이나 '욕구' 혹은 '바람'이라고 하지 않고 '갈망'이라고 표현한 것에 주목하라. 늘 뇌리를 자극하며 언제든 채우고자 나서게 만드는 허기인 셈이다. 타인의 이러한 마음의 허기를 제대로 채워주는 사람은 아주 드물다. 하지만 그렇게 할 수 있는 사람은 다른 사람을 마음대로 움직일 수 있으며 심지어 장의사조차 그의 죽음을 슬퍼할 것이다.

    중요한 존재가 되고자 하는 욕구는 인간과 동물을 구분하는 가장 중요한 차이 중 하나다. 만약 우리의 선조들에게 중요한 사람이 되고자 하는 타는 듯한 갈망이 없었다면 문명 세계는 결단코 형성되지 않았을 것이고 우리는 여전히 동물과 다를 바 없는 생활을 이어가고 있을 것이다. 교육도 받지 못하고 가난에 시달리던 한 식료품 점 점원은 바로 이 욕망을 충족시키고자 집안의 잡동사니 통 밑바닥에서 발견한 법률 서적을 공부하게 되었다. 바로 링컨의 이야기다. 찰스 디킨슨이 불멸의 소설을 쓰게 된 것도 이 욕망 때문이었으며 록펠러로 하여금 어마어마한 부를 축적하게 만든 것도 이 욕망이었다. 부자들이 필요 이상의 큰 저택을 짓는 것도, 사람들이 비싼 옷과 새 차, 지식을 자랑하는 것도 모두 이 욕망 때문이다.

그렇다면 자신이 속한 곳에서 중요한 사람이 되고자 하고 인정받고자 하는 사람들의 욕구를 우리는 어떻게 채워줄 수 있는가? 쉬우면서도 효과 만점인 방법이 하나 있으니, 바로 진심 어린 칭찬을 해주는 것이다. 미국의 한 유명한 정신병원의 원장은 미친 사람 중 대다수가 현실 세계에서 얻을 수 없던 자신의 존재 가치를 망상 속에서 찾는다면서 다음과 같은 이야기를 들려주었다.

"결혼 생활에 실패한 여자 환자인데요. 그녀는 사랑과 성적 만족, 아이들, 그리고 사회적 특권을 원했지만, 실제 삶에서는 모든 희망이 날아가 버렸지요. 남편은 그녀를 사랑하지 않았어요. 심지어 같이 밥 먹는 것조차 거부하고 위층의 자기 방으로 식사를 가져오라고 시키기까지 했어요. 그녀는 아이들도 없었고, 사회적 지위라 할 것도 없었지요. 결국 그녀는 미쳐버렸고, 상상 속에서 남편과 이혼하고 처녀 시절 이름을 다시 사용했어요. 현재 그녀는 영국 귀족과 결혼했다고 믿고 자신을 레이디 스미스로 불러 달라고 하고 있지요. 그리고 매일 밤 새로운 아기를 낳았다고 상상해요. 비극적이라고요? 오, 잘 모르겠어요. 하지만 어쨌든 제가 그녀의 정신 상태를 원래대로 돌려놓을 수 있다 해도 저는 그렇게 하고 싶지 않습니다. 그녀는 지금이 훨씬 더 행복하니까요."

자신이 중요한 사람이라는 느낌을 너무도 갈망한 나머지 정신이 이상해지는 사람이 있을 정도라면 사람들을 진솔하게 칭찬하면 어떤 기적을 이룰 수 있을지 상상해보라.

Double-Check

35세의 나이에 카네기 철강 회사의 사장 자리에 오른 찰스 M. 슈왑은 자신의 성공 비결이 사람을 다루는 기술에 있다면서 이렇게 말했다. "제 능력은 직원들 내면의 열정을 깨워주는 것이라고 생각합니다. 그들이 최고의 능력을 발현하도록 돕는 것은 칭찬과 격려입니다. 상급자로부터 비난을 받는 것만큼 의욕을 해치는 것도 없습니다. 저는 단 한 번도 누구를 비난한 적이 없습니다. 격려의 가치를 저는 믿습니다. 그렇기에 항상 칭찬 거리를 찾고 단점 찾기를 애써 피합니다. 저는 세계 여러 나라의 훌륭한 사람들과 폭넓게 교류하고 있습니다. 아무리 대단하거나 높은 지위에 있는 사람이라도 인정받을 때보다 비판받을 때 일을 더 잘하거나 더 열심히 노력하는 경우를 지금까지 본 적이 없습니다."

제24강
상대방의 관점에서 보라

나는 여름이면 메인주로 낚시 여행을 간다. 개인적으로 나는 크림을 얹은 딸기를 아주 좋아하지만 물고기들은 특이하게도 지렁이를 더 좋아한다. 그래서 나는 낚시를 할 때면 내가 좋아하는 것을 생각하지 않고 물고기들이 좋아하는 것에 대해 생각한다. 내가 좋아하는 딸기를 미끼로 쓰지 않고 물고기 앞에 지렁이나 메뚜기를 흔들어 보이며 이렇게 말한다. "이거 먹고 싶지 않니?"

그런데 왜 우리는 사람을 낚을 때 이런 상식을 도외시하는 걸까? 1차 세계 대전 기간 중 영국의 전시 내각을 이끈 로이드 조지는 달랐다. 어떤 사람이 조지에게 전쟁을 이끈 다른 지도자들(윌슨과 올랜도, 클레망소 등)은 사람들의 기억 속에서 사라졌는데, 어떻게 그는 지금까지 권력을 유지하고 있는지 물었다. 그는 자신이 여전히 최고의 위치에 있다면 그것은 바로 물고기에 맞는 미끼를 사용하는 법을 배웠다는 단 한 가지 이유 덕분이라고 답했다.

어째서 우리는 자신이 원하는 것만 이야기할까? 유치하고 불합리한 일이 아닐 수 없다. 물론 우리는 우리 자신이 원하는 것에 관심이 쏠린다. 필경 영원히 그럴 것이다. 하지만 다른 사람은? 다른 사람은 그 자신이 원하는 것에 관심을 쏟을 뿐이다.

따라서 다른 사람에게 영향력을 행사할 수 있는 유일한 방법은 상대가 원하는 것에 관심을 기울이고 그것을 얻는 방법을 보여주는 것뿐이다. 누군가에게 무언가를 시키고 싶다면 이 사실을 반드시 기억하라. 예컨대 만약 아들 녀석에게 담배를 피우지 않게 하려면 설교하거나 당신이 원하는 것을 말하는 대신, 담배를 피우면 농구팀에 들어가지 못한다거나 달리기 시합에서 우승하지 못할 거라고 이야기하라는 것이 훨씬 효과적이다.

이것은 자녀를 다루든 송아지나 침팬지를 다루든 언제나 유용한 방법이다. 어느 날 랠프 왈도 에머슨과 그의 아들이 송아지 한 마리를 우리에 넣으려고 애쓰고 있었다. 하지만 그들은 오직 자신들이 원하는 것만 생각하는 그 흔한 실수를 저지르고 있었다. 에머슨은 뒤에서 송아지를 밀고 아들은 앞에서 잡아당겼다. 그러나 송아지 역시 그들과 마찬가지로 자기가 원하는 것만 생각하고 있었다. 풀밭을 떠나지 않으려 다리에 힘을 주고 완강히 버텼다. 그때 아일랜드 출신의 가정부가 그들의 딱한 상황을 지켜보다 다가왔다. 그녀는 에머슨처럼 에세이나 책을 쓸 줄은 몰랐지만, 적어도 그 상황에서는 에머슨보다 지혜로웠다. 그녀는 송아지가 원하는 것에 대해 생각하고는 자신의 손가락을 송아지에게 물렸다. 그녀는 그렇게 손가락을 빨게 하면서 송아지를 외양간으로 부드럽게 이끌었다.

당신이 세상에 태어나 지금까지 살면서 어떤 일이든 했다면, 그것은 당신이 무언가를 원했기 때문이다. 만약 적십자사에 100달러를 기부했다면, 아름답고 이타적이며 숭고한 행위를 하고 싶었기 때문일 것이다. 만약 그런 마음보다 100달러가 아깝다는 생각이 더 컸다면 그 돈을 기부했겠는가. 물론 어쩌면 거절하기가 부끄러웠거나 부탁 때문에 어쩔 수 없이 기부했을 수도 있다. 하지만 그 경우 역시 한 가지는 분명하다. 당신이 기부 행위를 한 것은 무언가를 원했기 때문이다.

스코틀랜드 출신의 가난한 청년이었던 앤드류 카네기는 시간당 2센트를 받는 노동자로 출발해 마침내 3억 6500만 달러를 기부할 정도로 거부가 되었다. 그는 일찍이 다른 사람에게 영향을 미치려면 상대가 원하는 것에 관하여 말해야 한다는 사실을 깨달았다. 그는 학교를 고작 4년밖에 다니지 못했지만, 사람을 다루는 방법은 체득하고 있었다. 그의 일화 한 편을 살펴보자.

카네기의 형수는 두 아들 때문에 걱정이 많았다. 예일대에 다니는 두 아들은 나름의 일정 때문에 바쁜지 도통 집에 편지를 쓰지 않았고, 어머니가 근심 어린 편지를 보내도 답장하는 법이 없었다. 그 모습을 본 카네기는 자신이라면 답장을 보내란 소리를 하지 않고도 답장을 받을 수 있다고 장담하며 믿기지 않으면 누구든 100달러 내기를 하자고 제안했다. 누군가 그의 내기에 응하자 카네기는 별로 중요하지 않은 잡담으로 편지지를 채운 후 추신에 각각 5달러씩 동봉한다고 적었다. 그러고는 돈은 넣지 않은 채 편지를 보냈다. 그러자 곧바로 답장이 왔다. "보고 싶은 앤드류 삼촌에게"로 시작해 "신경 써줘서 고맙습니다."로 이어진 그들의 편지 내용은 더 소개하지 않아도 알 수 있을 것이다.

내일 당장 누군가에게 무언가를 하라고 설득해야 할지도 모른다. 상대방에게 말하기 전에 잠시 멈춰서 스스로 물어보자. "어떻게 해야 상대가 그것을 하고 싶은 마음이 들까?"

Double-Check

해리 A. 오버스트리트 교수는 〈인간의 행동방식에 영향을 미치는 법〉이라는 저서에서 이렇게 말한다. "우리의 행동은 우리가 근본적으로 원하는 무엇에서 비롯된다. 일터나 가정, 학교, 정계 등 어떤 환경에서든 누군가를 설득하려는 사람에게 해줄 수 있는 최선의 조언은 이것이다. 먼저 상대방의 마음속에 간절한 욕구를 불러일으켜라. 그렇게 할 수 있는 사람은 세상을 손에 넣을 것이고 그렇지 못한 사람은 홀로 외로운 길을 걷게 될 것이다."

제25강
친구를 얻고 싶으면
관심부터 기울여라

친구를 사귀는 방법을 알고 싶으면 이 세상에서 친구를 가장 잘 사귀는 사람의 기술을 배우면 되지 않을까? 그는 누구일까? 당신은 내일 길에서 그를 만나게 될지도 모른다. 당신이 5미터 이내로 들어서면 그는 꼬리를 흔들기 시작한다. 멈춰 서서 쓰다듬으면 펄쩍 펄쩍 뛰면서 얼마나 당신을 좋아하는지 표현할 것이다. 그의 이런 애정 표현이 부동산을 팔고 싶다거나 당신과 결혼하고 싶어서 그러는 게 아님은 다 알 것이다.

혹시 생존을 위해 일할 필요가 없는 유일한 동물이 개라는 사실을 생각해본 적이 있는가? 닭은 달걀을 낳아야 하고 젖소는 우유를 생산해야 하며 카나리아는 노래를 불러야 한다. 하지만 개는 오직 사람에게 애정만 주며 먹고산다.

내가 다섯 살 때, 아버지는 50센트를 주고 털이 노란 강아지를 사 오셨다. 그 강아지는 내 유년 시절의 빛이자 기쁨이었다. 매일 오후 네 시 반쯤이면 녀석은 앞마당에 앉아 그 예쁜 눈으로 거리를 지켜 보다 내 목소리가 들리거나 내 모습이 보이기만 하면 숨도 쉬지 않 고 총알처럼 달려 나와 펄쩍펄쩍 뛰어오르며 좋아하곤 했다. 우리 집 강아지 티피는 그렇게 5년 동안 내 단짝 친구로 살았다. 어느 비 극적인 밤 나와 몇 발짝 떨어지지 않은 곳에서 벼락을 맞고 죽기 전 까지 말이다. 티피의 죽음은 내 어린 시절의 가장 큰 슬픔이었다.

티피는 심리학에 관한 책을 읽은 적이 없었다. 그럴 필요도 없었 다. 티피는 다른 사람에게 진심으로 관심을 기울이면 다른 사람의 관심을 끌려고 수년 동안 노력하는 경우보다 더 많은 친구를 단기 간에 얻을 수 있다는 사실을 본능적으로 알고 있었다. 하지만 사람 들은 어떠한가? 다른 사람의 관심을 끌기 위해 어리석은 노력을 펼 치는 사람들이 얼마나 많은가. 사람들은 당신이나 내게 관심이 없다. 그들은 아침에도, 점심에도, 저녁에도 오로지 자기 자신에게만 관심을 둔다.

다른 사람의 관심을 받기 위해 깊은 인상을 남기려고만 애쓰면 진정한 친구를 사귈 가능성이 별로 없다. 진정한 친구는 그런 식으로 생기지 않기 때문이다. 오스트리아의 심리학자 알프레드 아들러는 〈인생이란 무슨 의미인가〉라는 책에서 이렇게 말했다. "다른 사람에게 관심이 없는 사람은 인생에서 가장 큰 어려움을 겪을 뿐 아니라 주변 사람들에게도 가장 큰 상처를 준다. 인간이 겪는 모든 실패는 이런 유형의 사람들로 인해 발생한다."

나는 예전에 뉴욕 대학에서 단편소설 창작 강의를 들은 적이 있는데, 한번은 꽤 유명한 출판사의 편집장이 특강을 하러 왔다. 그는 매일 자신의 책상으로 날아오는 수십 편의 스토리 중에 아무거나 골라 몇 문단만 읽어봐도 그 작가가 사람들에 대한 애정이 있는지 아닌지를 알 수 있다고 했다. "작가가 사람들을 좋아하지 않으면 사람들도 그의 글을 좋아하지 않습니다. 소설가로 성공하고 싶으면 사람들에게 관심을 가져야 합니다."

소설을 쓸 때 그러하다면 사람을 다룰 때는 더더욱 그러하다. 시어도어 루스벨트의 놀라운 인기 비결 중 하나도 이와 맥락을 같이 했다. 루스벨트의 시종이었던 제임스 E. 아모스는 〈모든 이의 영웅, 시어도어 루스벨트〉라는 책에서 다음과 같은 일화를 들려주었다.

"한번은 내 아내가 대통령에게 메추라기에 관해 물어보았다. 대통령은 메추라기를 본 적이 없던 내 아내에게 그것에 대해 자세히 설명해주었다. 그리고 얼마의 시간이 지난 어느 날, 우리가 살던 오두막의 전화가 울렸다(당시 우리는 루스벨트 저택 사유지의 오두막에 살고 있었다). 아내가 전화를 받았는데, 대통령이 직접 건 전화였다. 우리 집 창밖에 메추라기가 있으니 내다보면 볼 수 있을 거라고 알려주기 위해 전화한 것이었다! 대통령은 그렇게 하인들에게조차 세심하게 관심을 기울이는 분이었다. 우리 오두막 앞을 지나갈 때면 우리가 보이지 않아도 언제나 '여어 애니, 여어 제임스'라고 소리쳐 인사를 건네곤 했다."

1. 누군가에게 진심으로 관심을 기울이면 그의 관심과 시간, 협력을 얻어낼 수 있다.

2. 친구를 만들고 싶으면 활기차고 적극적인 태도로 사람을 맞이하라. 전화를 받을 때도 마찬가지다. "여보세요" 한 마디에 상대의 전화가 얼마나 반가운지 드러나게 하라.

3. 사람들은 자신의 생일을 기억해준 사람을 절대로 잊지 않는다.

제26강
이름을 기억하고 존중하라

짐 팔리는 어린 시절 불의의 사고로 아버지를 잃고 졸지에 가장이 되는 바람에 열 살 때부터 벽돌 공장에서 일해야 했다. 짐은 그렇게 교육도 제대로 받지 못했지만, 친절한 성품으로 사람들의 호감을 얻는 타고난 재주 덕분에 나중에 정계에 입문했고, 시간이 흐르면서 사람들의 이름을 외우는 묘한 능력을 발휘하기 시작했다. 그는 고등학교 문턱도 밟아보지 못했지만, 마흔여섯 살이 되기 전에 네 개 대학에서 명예박사 학위를 받았고, 민주당전국위원회 의장과 미국우정공사 총재를 역임했다.

나는 짐 팔리를 인터뷰하는 자리에서 그의 성공 비결이 무엇인지 물었다. 그는 "열심히 일하는 거지요."라고 대답했다. 나는 "농담하지 마시고요."라고 받았다. 그러자 그는 자신의 성공 비결이 무엇이라고 생각하는지 나에게 물었다. "사람들 이름을 만 명 정도 외우신다고 들었습니다." 내가 답하자 그는 이렇게 말했다. "아닙니다. 틀렸어요. 5만 명 정도 외우고 있습니다."

1932년 프랭클린 루스벨트가 백악관 입성에 성공할 수 있었던 데에는 분명 짐 팔리의 이런 능력이 크게 도움이 되었다. 루스벨트의 선거 캠프가 활동을 시작하기 몇 달 전부터 짐 팔리는 서부 및 북서부의 각 주로 매일 수백 통이 넘는 편지를 썼다. 그리고 기차, 마차, 자동차, 배를 번갈아 타면서 19일 동안 20개 주, 약 20만 킬로미터를 돌았다. 짐은 곳곳의 마을에 들러 사람들과 점심이나 아침, 또는 차나 저녁 식사를 함께 하며 그들과 '흉금 없는 대화'를 나눴다. 동부로 돌아오자마자, 짐은 방문한 마을별로 한 명씩 편지를 보내 자신이 그 마을에서 만났던 사람들의 명단을 부탁했다. 그리고 그렇게 수집한 목록의 수천 명에게 '친애하는 빌' 또는 '친애하는 제인'으로 시작해 '짐'이라는 서명으로 끝나는 편지를 일일이 보냈다.

앤드류 카네기의 성공 과정에서도 이름은 중요한 역할을 했다. 카네기는 철강왕으로 불렸다. 하지만 정작 그 자신은 철강 제조에 대해 아는 게 별로 없었다. 대신 철강에 대해 훨씬 잘 아는 수백 명을 수하에 두고 있었을 뿐이다. 그는 사람을 어떻게 다뤄야 하는지 알았고, 덕분에 엄청난 부를 쌓을 수 있었다. 어렸을 때부터 조직 구성과 리더십에서 천재적인 재능을 보인 그는 열 살 무렵에 사람들이 자신의 이름에 얼마나 애착을 갖고 얼마나 중요하게 여기는지 발견했다. 이후 그 발견을 주변의 도움이 필요할 때마다 유용하게 활용한 것은 물론이다. 한번은 이런 일이 있었다. 스코틀랜드에서 살던 소년 시절 그는 토끼 한 마리를 잡았는데, 하필이면 어미 토끼여서 곧 그에게 한 무리의 새끼 토끼들까지 생겼다. 문제는 먹일 게 부족하다는 사실이었다. 하지만 그가 누구인가? 그는 동네 친구들에게 토끼들을 먹일 클로버와 민들레를 충분히 뜯어오면 새끼 토끼들에게 그들의 이름을 붙여주겠다고 했다. 그의 계략은 마법처럼 먹혀들었고, 카네기는 그 일을 결코 잊지 않았다.

세월이 흐른 후 그는 똑같은 심리를 사업에 활용해 수백만 달러를 벌어들였다. 한번은 펜실베이니아 철도회사에 강철 레일을 납품하고 싶었다. 당시 펜실베이니아 철도회사의 회장은 J. 에드가 톰슨이었다. 카네기는 피츠버그에 거대한 제철 공장을 짓고 '에드가톰 슨 철강회사'라고 이름 붙였다. 자, 이후 펜실베이니아 철도회사에 서 강철 레일이 필요할 때 에드가 톰슨은 어느 회사에서 레일을 조 달했을까?

카네기와 조지 풀먼이 침대 열차 사업 분야에서 우열을 겨루던 당시의 일화도 유명하다. 이때도 철강 왕은 토끼의 교훈을 활용했 다. 카네기가 운영하던 센트럴 운송회사는 풀먼의 회사와 치열한 경쟁을 벌였다. 두 회사 모두 유니온퍼시픽 철도회사의 침대 열차 사업권을 따내기 위해 경쟁적으로 가격과 이윤을 낮추는 상황이었 다. 그러던 중 카네기와 풀먼은 유니온퍼시픽의 이사회에 참석하기 위해 뉴욕에 왔다. 세인트니콜라스 호텔에서 풀먼을 만난 어느 저 녁, 카네기가 말했다. "안녕하십니까. 우리 서로 바보짓을 하고 있 는 것 같지 않습니까?" "무슨 뜻이오?" 풀먼이 물었다. 카네기는 그 동안 마음속으로 구상해온 이야기를 꺼냈다. 두 기업의 사업을 합 쳐보자는 것이었다. 그는 서로 경쟁하는 대신 함께 일할 때 얻게 될 서로의 이득에 대해 열변을 토하며 설명했다. 풀먼은 귀 기울여 들 었지만, 완전한 확신에는 이르지 못했다. 마침내 풀먼이 물었다. "그럼 새로운 회사의 이름은 무엇으로 하자는 거요?" 카네기는 주저 없이 대답했다. "그야 당연히 '풀먼 궁전 열차 회사'라 해야죠." 풀먼이 표정을 풀더니 이렇게 말했다. "내 방으로 가서 마저 얘기를 나눠봅시다." 그렇게 두 사람이 나눈 대화는 업계의 역사를 바꾸었다.

Double-Check

│ 사람들은 세상의 다른 모든 이름보다 자기 자신의 이름에 더 큰 관심을 가지며 아주 중요하게 생각한다. 이름을 제대로 기억하고 적절히 부르거나 존중해주는 것은 미묘하지만 효과적으로 상대방을 우쭐하게 만드는 방법이다. 반대로 이름을 잊어버리거나 틀리게 말하면, 좋지 않은 인상을 남기고 불리한 입장에 처하게 된다.

제27강
대화의 기본은
집중해서 듣는 것

　최근 브리지 파티에 초대를 받은 적이 있다. 사실 나는 카드놀이를 좋아하지 않는데, 그 자리에는 나처럼 카드놀이를 하지 않는 여성이 한 명 더 있었다. 그 금발 여성은 로웰 토머스가 라디오 방송으로 자리를 옮기기 전에 내가 한동안 그의 매니저로 일했다는 사실을 알고 있었다. 당시 나는 그가 맡고 있던 여행 토크쇼의 준비를 돕느라 유럽을 많이 여행했다. 그녀는 내게 이렇게 말했다. "카네기 씨, 당신이 가보셨던 유럽의 멋진 곳들에 대한 얘기를 듣고 싶군요."

소파에 함께 자리를 잡고 앉자, 그녀는 얼마 전 남편과 아프리카를 여행하고 왔다는 얘기를 꺼냈다. "아프리카요?" 내가 놀라 말했다. "정말 멋지군요! 저는 늘 아프리카에 가보고 싶었는데 한 번 알제리에서 24시간 머문 게 전부거든요. 근데 정말로 맹수들이 우글거리는 데도 가본 거예요? 정말 운이 좋으시군요. 부럽습니다. 아프리카 얘기 좀 해주세요."

그녀는 장장 45분 동안이나 아프리카 이야기를 풀어놓았다. 내가 유럽 어디에 가서 무엇을 보았는지는 결코 다시 묻지 않았다. 그녀는 내 여행 이야기를 듣고 싶었던 게 아니었다. 그녀가 원한 것은 자신의 이야기를 열심히 들어줄 만한 사람이었고, 그저 자신이 가본 곳에 대해 자랑스레 떠들 수 있으면 족할 따름이었다.

이 여성이 특이한 건가? 그렇지 않다. 사람들 대부분이 그렇다. 일례로 내가 뉴욕의 어느 출판업자가 마련한 만찬 자리에서 저명한 식물학자를 만났을 때의 상황을 들어보자. 전에 식물학자와 얘기해본 적이 없던 나는 그에게 매료되었다. 그가 인도산 대마초와 원예 개량가 루터 버뱅크, 실내 정원, 평범한 감자에 숨겨진 놀라운 사실 등에 대해 말하는 동안 나는 말 그대로 몸을 바짝 기울이며 빠져들었다. 그는 친절하게도 내가 가꾸던 작은 실내 정원의 문제점 몇 가지의 해결 방안도 알려주었다.

다시 말하지만, 우리가 만난 곳은 만찬 자리였다. 다른 손님도 많이 있었다는 뜻이다. 나는 사교계의 예의 규범에 어긋나게도 다른 사람들은 무시한 채 몇 시간 동안 식물학자와만 대화를 나눴다. 자정이 가까워질 무렵 나는 모두에게 작별 인사를 하고 자리에서 일어섰다. 그러자 식물학자는 만찬의 주최자에게 몸을 돌려 나에 대한 과찬을 늘어놓았다. 그에 따르면, 나는 '최고의 활기를 돋우는' 사람이었다. 그는 나에 대해 이러저러하다는 칭찬을 이어가더니 '가장 흥미로운 이야기꾼'이라는 표현으로 마무리했다.

가장 흥미로운 이야기꾼? 내가? 나는 거의 아무 말도 안 했는데? 사실 나는 주제를 바꾸지 않는 한 말을 하고 싶어도 할 수 있는 얘기가 없었다. 식물에 대해서는 펭귄의 해부학적 구조에 대해서만큼이나 아는 게 없었기에 그랬다. 단지 진정 흥미로웠기에 열심히 듣기만 했을 뿐이었다. 그도 그것을 느꼈다. 결국 나의 열심히 듣는 태도가 그를 기쁘게 한 것이다. 이런 종류의 경청은 우리가 누군가에게 해줄 수 있는 최고의 찬사 중 하나다. 잭 우드포드는 자신의 저서 〈사랑을 잘 모르는 사람들〉에 이렇게 썼다. "완전히 집중하는 태도가 암시하는 은근한 아부를 마다할 사람은 거의 없다." 나는 식물학자의 말을 집중해 듣는 수준에서 한 걸음 더 나아가 진심으로 그의 말에 공감하며 칭찬을 아끼지 않았다. 그의 '강의'는 실제로 재밌고 유익했기에 나의 그런 느낌을 그대로 전했다. 그가 지닌 지식이 나에게도 있으면 좋겠다고도 말했는데, 그 말 역시 진심이었다. 그와 함께 들에 나가보고 싶고, 꼭 다시 만나고 싶다고도 했다.

Double-Check

남북전쟁으로 힘겨운 시기를 보내던 링컨 대통령은 일리노이주 스프링필드에 사는 오랜 친구에게 워싱턴에 와달라는 편지를 보냈다. 논의하고 싶은 문제가 있다는 것이었다. 친구가 백악관에 도착하자 대통령은 노예해방을 둘러싼 각 진영의 논리와 그에게 쏟아붓는 비난, 그리고 각각의 타당성과 부당성 등을 설명했다. 그렇게 몇 시간에 걸쳐 자신이 하고 싶은 말을 토해낸 대통령은 친구의 의견은 묻지도 않고 일리노이로 돌려보냈다. 링컨의 옛 친구는 이렇게 회고했다. "모든 얘기를 그 친구 혼자 했는데, 그러면서 생각이 정리되는 것 같더군요. 이야기를 마친 후 한결 편안해 보였어요." 링컨은 조언이 필요했던 게 아니라 속마음을 털어놓을 수 있는 편안한 상대를 원했던 것이다. 짜증 난 고객, 불만 가득한 직원. 상처받은 친구, 곤경에 처한 사람이 원하는 게 바로 그것이다.

제28강
논쟁으로 이기려는 우를 범하지 마라

1차 세계 대전이 끝난 직후의 어느 저녁 나는 런던에서 아주 귀중한 교훈을 얻었다. 당시 나는 로스 스미스 경의 매니저였다. 호주 출신의 로스 경은 전쟁 중에 팔레스타인 지역에서 하늘의 용사로 이름을 떨쳤고, 종전이 선언된 후 지구의 절반을 30일 만에 비행해 사람들을 놀라게 했다. 당시만 해도 최초로 이룩한 위업이었기에 세계적으로 센세이션을 불러일으켰다. 호주 정부는 그에게 5만 달러의 상금을 수여했고, 영국 왕실은 기사 작위를 서임했다. 그렇게 그는 한동안 대영제국에서 가장 많이 회자되는 인물이 되었다.

그날 저녁 나는 로스 경을 위해 마련된 연회에 참석했다. 식사 도중 내 옆에 앉은 남자가 '우리가 아무리 대충 마무리하려 해도 우리의 마지막 모양새는 신이 결정한다.'라는 인용문을 곁들여 재미난 농담을 했다. 그리고 그는 해당 인용문이 성경에 나오는 구절이라고 덧붙였다. 나는 그가 덧붙인 말이 틀렸음을 알았고, 그 사실에 대해 추호의 의심도 없었다. 그래서 존재감도 드러내고 좀 우쭐거리고도 싶어서 그 사실을 지적했다. 하지만 그는 계속 억지를 부렸다. "셰익스피어라고요? 에이, 말도 안 돼! 성경에 나오는 얘기가 분명하다고요."

그 남자는 내 오른편에 앉아 있었고, 왼편에는 내 오랜 친구인 프랭크 가몬드가 앉아 있었다. 가몬드는 수년간 셰익스피어 연구에 헌신하고 있었기에 남자와 나는 가몬드에게 물어보기로 했다. 가몬드는 이야기를 듣더니 식탁 밑으로 내 다리를 툭 치며 말했다. "데일, 자네가 틀렸네. 저 신사분 말씀이 맞아. 성경에 나오는 말일세." 그날 밤 집으로 돌아오는 길에서 내가 가몬드에게 말했다. "프랭크, 자네는 그 인용문이 셰익스피어의 작품에 나온다는 거 알고 있었지 않은가?" "물론이지." 그가 답했다. "햄릿 5막 2장에 나오는 말이라네. 하지만 친구, 우린 축하연에 초대된 손님이었네. 그 남자가 틀렸다는 것을 입증해서 뭐하겠나? 그러면 그가 자네를 어떻게 생각하겠어? 그냥 그 사람 체면을 살려주는 게 낫지 않겠나? 그 사람이 자네의 의견을 구한 것도 아니지 않았는가. 그런데 뭐하러 논쟁을 벌이냔 말일세. 논쟁은 피하는 게 상책이라네."

친구는 현재 이 세상 사람이 아니지만. 그가 그날 해준 말은 나를 일깨우는 잊을 수 없는 교훈이 되었다. 사실 나는 고질적인 논쟁가였다. 어린 시절에는 세상 모든 것을 놓고 형과 논쟁을 벌였으며, 대학에서는 논리학과 논증을 공부하면서 토론 대회에도 수차례 나갔고, 나중에는 논쟁 및 토론법을 가르치며 그에 관한 책까지 쓰려했다. 그날 이후로 나는 수없이 많은 논쟁을 듣고 비판하고 때론 직접 참여하기도 했다. 그리고 그 모든 경험을 통해 논쟁에서 이길 수 있는 방법은 이 세상에 단 한 가지밖에 없다는 결론에 이르렀다. 그것은 바로 논쟁을 피하는 것이다. 논쟁은 마치 방울뱀이나 지진을 대하듯이 피해야 한다.

논쟁은 열에 아홉 참여자 모두 그 이전보다 더 확고하게 자신의 의견이 옳다고 생각하는 것으로 끝난다. 당신은 논쟁에서 이길 수 없다. 당신이 지면 진 것이고, 이겨도 진 것이기 때문이다. 당신이 상대방 주장의 모든 허점을 지적하고, 상대방이 제정신이 아니라는 것을 증명했다고 치자. 그런 다음에는 어떻게 되는가? 당신은 기분이 좋을지 모르지만, 상대방은 어떻겠는가? 당신이 이룬 것은 과연 무엇인가? 상대방은 열등감을 느끼거나 자존심에 상처를 입었을 것이고 어쩌면 더 나아가 당신에 대한 적개심까지 키웠을지도 모른다. 그런 것이 진정 당신이 원한 것인가?

Double-Check

1. 자신의 의지에 반하여 논쟁에서 진 사람은 결코 이전의 견해를 버리지 않는다.

2. 논쟁에서 이기는 유일한 방법은 그것을 피하는 것뿐이다.

3. 논쟁으로 얻는 승리는 공허하다. 상대의 진심은 얻지 못하기 때문이다.

제29강
틀렸을 경우
솔직하게 인정하라

　내가 사는 동네는 포레스트 파크라는 원시림 공원과 아주 가깝다. 나는 자그마한 보스턴 불도그인 렉스와 그곳의 숲길로 산책 나가는 것을 좋아한다. 렉스는 사냥개에 속하긴 하지만 유순하고 사람을 잘 따른다. 숲길을 산책할 때 사람들과 마주치는 일이 거의 없기에 나는 대개 렉스에게 목줄이나 입마개를 하지 않고 데리고 나간다.

　어느 날 우리는 숲 공원에 들어서자마자 권위를 과시하고 싶어 안달이 난 듯 보이는 기마 경찰과 마주쳤다. "입마개나 목줄도 없이 개를 공원에 풀어놓으면 어떻게 합니까?" 그는 나를 나무랐다. "위법인 걸 모른단 말이오?"

"아, 물론 알고 있습니다." 나는 부드럽게 대답했다. "하지만 이 녀석이 여기서 무슨 해를 끼칠 것 같은 생각은 들지 않는데요."

"생각은 들지 않는다고요? 생각은? 법은 당신의 생각 따위에는 눈곱만큼도 신경 쓰지 않소. 당신 개가 다람쥐를 죽이거나 아이를 물지 않으리라는 걸 어떻게 보장하오? 좋소, 이번에는 봐주지만, 여기서 이 개가 다시 또 입마개나 목줄도 없이 돌아다니는 게 내 눈에 띄면 당신은 판사 앞에 서게 될 것이오."

나는 앞으로 조심하겠다고 순순히 약속했다. 그리고 몇 번은 약속을 지켰다. 하지만 렉스는 입마개를 좋아하지 않았으며, 나도 굳이 그러고 싶지 않았다. 그래서 상황을 봐서 렉스를 자유롭게 풀어놓곤 했다. 한동안은 모든 게 순조로웠다. 그러나 꼬리가 길면 잡히기 마련인 법, 결국 우려하던 상황이 발생하고 말았다. 어느 날 오후, 언덕 등성이를 뛰듯이 넘어가던 렉스와 내가 낙심천만하게도 암갈색 말을 탄 그 경찰 나리와 마주친 것이다. 앞서가던 렉스는 경찰관을 보자마자 반갑다는 듯이 그에게 달려갔다.

나는 그렇게 벌을 받게 될 입장이 되었다. 어쩔 수 없었다. 그래서 기마 경찰이 말을 꺼내기 전에 먼저 나섰다. 선수를 친 것이다.

"경관님, 제대로 걸리고 말았네요. 제가 잘못했습니다. 달리 변명의 여지가 없네요. 다시 또 입마개 없이 개를 풀어놓으면 벌금을 물리겠다고 지난주에 경관님이 분명히 경고했는데 이렇게 현행범으로 딱 걸렸으니 말입니다."

"음." 경찰은 부드러운 어조로 답했다. "아무래도 이 녀석처럼 작은 개는 주변에 아무도 없으면 편하게 뛰어놀도록 내버려 두고 싶은 마음이 들기는 하지요."

"맞습니다. 그런 유혹이 들긴 하지만 그래도 그것은 엄연한 위법 행위입니다." 내가 대답했다.

"그렇지만 뭐, 이렇게 작은 녀석이 누굴 해칠 리는 없겠지요." 경찰이 응수했다.

"맞습니다. 하지만 다람쥐에게 해를 끼칠 수는 있을 겁니다." 내가 다시 말했다.

"음, 글쎄요. 내 생각엔 선생께서 이 문제를 너무 심각하게 여기시는 것 같군요." 경찰이 말했다. "이렇게 합시다. 앞으론 제 눈에 띄지 않는 언덕 저 너머에서 개를 풀어놓는 것으로 말입니다. 그러면 서로 이런 문제에 신경 쓸 일이 없을 겁니다."

그렇다. 그 경찰도 인간인지라 자신이 중요한 사람이 되고자 했다. 그래서 내가 자책하기 시작하자 자신의 자부심을 높일 수 있는 유일한 방법은 자비를 보여주는 관대한 태도라는 것임을 깨달은 것이다. 반대로 내가 변명을 늘어놓거나 법규 자체가 부당하다고 항의하며 스스로를 옹호하려고 했다면 어떻게 되었을까? 경찰관과 논쟁을 벌여본 사람은 다들 결과를 예상할 수 있을 것이다.

나는 경찰관과 시시비비를 따지는 대신에 그가 절대로 옳고 나는 절대로 틀렸다고 인정했다. 그것도 빠르고 분명하며 진솔하게 말이다. 내가 그렇게 그의 편을 들자 그는 내 편을 들기 시작했고, 그럼으로써 모든 게 원만하게 마무리되었다.

Double-Check

1. 본인의 잘못이나 실수가 분명하다면, 언제나 신속하고 진솔하게 인정하라.

2. 시시비비를 가려야 할 때라도 친근한 어투나 가벼운 칭찬으로 우호적인 분위기부터 조성하라. 적대감이 팽배한 상황에서는 양보라는 게 생겨나지 않는다.

제30강
협상할 때는
맞장구부터 끌어내라

　사람들과 협상을 시도하면서 서로 의견이 일치하지 않는 부분부터 언급하는 것은 대단히 어리석은 일이다. 서로의 견해가 일치하는 부분을 먼저 언급하고 강조해야 한다. 그리고 당신과 상대방이 같은 목적에 이르기 위해 노력하는 중이며, 단지 목적에 이르는 방법만이 다를 뿐이라는 사실을 거듭 강조해야 한다.

　중요한 것은 처음부터 상대방이 '네, 맞아요'라고 맞장구치도록 유도하는 것이다. 되도록 상대방에게서 '아니요'라는 대답이 나오지 않게 해야 한다. 오버스트리트 교수는 자신의 저서 〈인간의 행동

방식에 영향을 미치는 방법〉에서 다음과 같이 말한다.

"'아니요'라는 대답은 매우 극복하기 힘든 장애가 될 수 있다. 누구든 일단 '아니요'라고 말하고 나면 자존심 때문에 자신이 뱉은 말을 끝까지 고수하려는 경향을 보인다. '아니요'라고 말한 것에 뒤늦은 후회가 들더라도 자존심이 허락하지 않기에 말을 바꾸기가 힘들어진다. 사람들에게는 이렇게 입 밖에 내놓은 입장은 지키려는 성향이 있다. 따라서 대화를 나눌 때는 상대방이 긍정적으로 호응하도록 말을 시작하는 것이 매우 중요하다."

말을 잘하는 사람은 처음부터 '네'라는 대답을 여러 차례 끌어낸다. 그렇게 함으로써 듣는 사람의 심리를 긍정적인 방향으로 바꿔놓는다. 이와 관련된 심리적 패턴은 아주 분명하다. 누군가가 진심으로 '아니요'라고 말할 때는 단지 말만 하는 것이 아니다. 신경과 근육, 분비선 등 인체 기관 모두가 그에 상응하는 거부반응으로 무장한다. 보통 이런 반응은 미세하게 드러나지만 때로는 눈에 띄게 두드러지기도 한다. 간단히 말하면 몸 전체의 신경 및 근육 시스템이 거부하려는 자세를 취하게 된다는 얘기다. 반대로 '네'라고 말할 때는 그 어떤 거부반응도 일어나지 않는다. 인체의 모든 기관이 전

향적이고 수용적이며 개방적인 자세를 취한다는 뜻이다.

뉴욕의 그리니치 저축은행에서 일하는 제임스 에버슨은 이 "네, 맞아요" 기법을 이용해 자칫 잃을 뻔했던 잠재 고객을 붙잡을 수 있었다. 에버슨의 얘기를 들어보자.

"젊은 남성 한 분이 계좌를 개설하려고 왔습니다. 전 그 손님께 작성해야 할 기본 서류를 건네 드렸죠. 그분은 일부 질문에는 선뜻 답했지만, 몇 가지 질문에 대해서는 답하길 거부했습니다. 제가 인간관계를 공부하기 전이었으면 분명 이 고객에게 우리 은행에 해당 정보를 제공하지 않으면 계좌를 개설해줄 수 없다고 말했을 겁니다. 과거에 그런 식으로 처리했다는 사실이 이젠 부끄럽기까지 합니다. 물론 그런 식의 최후통첩은 우쭐한 기분을 느끼는 데는 도움이 되죠. 우리 쪽에 주도권이 있으며 누구든 은행의 규정을 준수해야 한다는 사실을 알려주는 것이니까요. 하지만 그런 태도는 확실히 우리 은행을 이용하려고 찾아온 고객에게 제대로 환영하고 대우한다는 느낌을 주는 것은 아니었습니다. 전 그날 아침 약간의 상식을 활용하기로 마음먹었습니다. 은행이 요구하는 것이 아니라 고객이 원하는 것에 대해 말하기로 말이죠. 그리고 무엇보다 고객에게서 처음부터 '네, 맞아요'라는 답변을 끌어내기로 결심했습니다. 그래서 그분의 의견에 동의한다면서 답변하지 않은 정보는 절대적으로 필요한 건 아니라고 말했습니다. 그러고는 덧붙였죠. '하지만 만약 나중에 고객님께서 돌아가시고 난 후에도 이 은행에 예금이 남아 있다고 생각해보십시오. 법적 절차에 따라 상속자에게 돈이 전달되기를 원하시겠죠?' 그러자 '네 그렇죠'라고 고객이 대답했습니다. 전 계속 말을 이어갔습니다 '그렇다면 상속자의 성함을 알려주시는 게 좋지 않을까요? 저희가 착오나 지연 없이 고객님이 원하시는 대로 상속을 처리할 수 있게 말입니다.' 그분은 또 '네.'라고 대답했습니다. 그 고객은 우리가 은행이 아니라 당사자를 위해 정보를 요구한다는 사실을 알게 되자 태도가 한결 누그러졌습니다. 은행 문을 나서기 전에 그는 모든 정보를 알려주었을 뿐 아니라 저의 제안을 받아들여 어머니를 수혜자로 지정한 신탁계좌까지 하나 개설하고, 어머니에 관한 질문 모두에도 기꺼이 답해주었습니다."

1. 진보파와 보수파의 토론은 상대를 화나게 만드는 쪽으로 흐르는 경우가 많다. 그렇게 해서 얻는 게 과연 무엇일까? 만약 상대를 화나게 만드는 것 자체가 목적이라면 모르겠지만, 상대를 설득하고자 하는 경우라면 방법을 바꿔야 마땅하지 않을까?

2. 경쟁사의 제품이 더 낫다고 말하는 고객에게 반론을 제기하면 계속 고객의 주장을 듣거나 논쟁을 벌이게 되지만, 고객의 견해가 옳다고 인정하고 나면 자사 제품에 대해 소개할 시간을 얻게 된다.

3. "부드럽게 걷는 사람이 멀리 간다."라는 중국의 속담을 기억하라.

제31강
결론은
상대방이 내리게 하라

당신은 남이 알려준 아이디어에 더 믿음이 가는가? 아니면 스스로 생각해낸 아이디어가 더 그러한가? 만약 대답이 후자라면, 당신의 의견을 다른 사람에게 강요하는 행태는 잘못된 판단이 아닐까? 당신은 제안만 몇 가지 하고 결론은 상대방이 내리도록 하는 게 훨씬 현명한 처사 아니겠는가?

예를 들어보자. 내 강좌의 수강생 중에 필라델피아에서 자동차 대리점을 운영하는 아돌프 셀츠라는 사람이 있었다. 그는 어느 날 의욕도 없고 체계적이지도 않은 영업 사원들에게 열정을 불어넣어야 할 필요성에 직면했다. 셀츠는 영업 회의를 소집해 사원들에게 자기한테 정확히 무엇을 바라는지 알려달라고 말했다. 그는 사원들의 의견을 칠판에 그대로 받아 적은 후 말했다. "좋습니다. 여러분들이 바라는 것을 모두 들어드리겠습니다. 그럼 이제 제가 여러분들에게 무엇을 기대해도 좋은지 말씀해주시기 바랍니다." 순식간에 답변들이 쏟아져나왔다. 충성, 정직, 진취적 자세, 낙관적 사고, 팀워크, 하루 8시간의 열정적 근무... 심지어 어떤 직원은 하루 14시간 근무를 자청하기까지 했다. 회의는 영업 사원들에게 새로운 용기와 영감을 북돋으며 끝이 났다. 이후 매출이 경이로울 정도로 늘었다고 셀츠가 내게 알려주었다.

"직원들과 제가 일종의 도의적 거래를 체결한 셈이지요." 셀츠가 말했다. "제가 제 역할을 다 하는 한, 그들도 자신들의 책무를 충실히 이행하는 방식으로 말입니다. 영업 사원들의 요구와 바람을 들어주는 일이 그들이 필요로 하던 자극이었던 겁니다."

무언가를 강매당하거나 명령받는 것을 좋아하는 사람은 거의 없다. 우리는 마음대로 물건을 사거나 자유롭게 행동하기를 훨씬 선호한다. 우리는 우리의 바람이나 요구, 생각 등이 어떠한지 물어봐

주길 바란다.

유진 웨슨의 경우를 보자. 그는 적잖은 수업료를 치르고 나서야
이 진리를 배웠다. 웨슨은 의상 디자인을 고안해 스타일리스트나
직물 제조업자에게 그 도안을 판매하는 일에 종사했다. 그는 새로
운 거래처를 확보하기 위해 일주일에 한 번씩 뉴욕의 유명한 스타
일리스트를 만나러 가곤 했다. 장장 3년 동안이나 말이다. "그 고객
이 저를 만나지 않겠다고 한 적은 없습니다. 하지만 제 도안을 구매
하지도 않았지요. 매번 제 도안을 세심히 살핀 후 '웨슨, 오늘도 함
께 가진 못하겠는데요.'라고 말하곤 했죠."

그렇게 150차례나 실패한 끝에 웨슨은 자신이 너무 틀에 박힌
사고에 젖어 있다는 생각이 들었다. 그는 새로운 아이디어를 개발
하고 일에 대한 의욕을 되살리기 위해 일주일에 하루 저녁을 사람
의 행동방식에 영향을 미치는 방법에 대한 공부에 바치기로 마음먹
었다.

이윽고 웨슨은 새로운 접근방식을 시도해보고픈 흥분이 일었다.
그는 미완성 스케치 대여섯 점을 옆구리에 끼고 고객의 회사로 달
려갔다. "혹시 부탁 좀 드려도 될지 모르겠습니다. 미완성 도안을
몇 개 가져왔는데요. 이 도안들을 어떻게 완성해야 사장님께 도움

이 될지 말씀해주실 수 있을런지요?"

그 고객은 아무 말 없이 한동안 스케치를 바라보았다. 그러더니 마침내 "며칠 여기 놔둬 보세요. 며칠 후에 다시 와보세요."라고 말했다. 웨슨은 사흘 후 그 고객을 방문해 그의 의견을 들었고, 스케치를 가져와 고객이 조언해준 그대로 도안을 완성했다. 결과는? 모두 채택되었다.

9개월 전의 일이었다. 이후 지금까지 그 고객은 자신의 아이디어에 따라 완성된 디자인 도안 수십 점을 구매했고, 웨슨은 대형 거래처의 확보로 큰돈을 벌었다.

웨슨은 말한다. "전에는 제 생각만 반영한 제품을 사달라고 강권했으니 팔릴 리가 없었죠. 이제 저는 고객에게 생각을 알려달라고 요청합니다. 그 고객은 요즘 자신이 디자인을 창출하고 있다고 느낍니다. 실제로 그렇지요. 저는 그에게 도안을 팔 필요가 없습니다. 그가 그냥 구매하니까요."

Double-Check

| 거래를 맺고 싶으면 상대의 의견을 존중하고 상대가 스스로 결정하는 것으로 느끼게 하라. 강권은 금물이다.

제32강
보다 고상한 동기에 호소하라

미국의 은행가 J. P. 모건은 인간의 행위에는 대개 두 가지 이유가 내재한다고 말했다. 하나는 대외적인 이유이고 다른 하나는 진짜 이유이다. 여기서 대외적 이유란 내세우기에 좋은, 그럴듯한 이유를 의미한다. 사람들의 특정한 행동에는 진짜 이유가 있기 마련이라는 사실은 특별히 강조할 필요가 없는 얘기다. 그렇지만 사람은 본디 이상주의적인 경향이 있어서 그럴듯하게 포장된 동기를 생각하거나 내세우고 싶어 한다.

너무 이상적인 개념이라 비즈니스에 적용하는 것은 어렵다는 생

Dale Carnegie's "On Success of Life" | 159

각이 드는가? 펜실베이니아주 글레놀던에서 부동산 임대업에 종사하는 해밀턴 파렐의 사례를 보자. 그의 세입자 중 한 명이 갑자기 이사를 가겠다고 통보해왔다. 계약 기간이 아직 4개월이나 남았는데 바로 집을 비우겠다는 것이었다. 파렐은 우리 강좌에서 이렇게 이야기했다.

"1년 중 관리 비용이 가장 많이 드는 겨울 동안 잘 살아놓고 돌연 이사를 간다는 거였습니다. 저는 가을이 될 때까지는 아파트를 다시 세놓기가 어렵다는 걸 알고 있었죠. 적잖은 임대 수입이 사라질 게 뻔한 상황이라 몹시 화가 났지요. 평소 같았으면 즉시 그 세입자에게 달려가서 임대 계약서를 다시 읽어보라고 했겠죠. 그래도 이사 가겠다면 남은 계약 기간의 집세를 당장 내야 하고 내가 어떻게든 그 돈을 다 받아내기 위해 조치를 취할 거라고 말했을 거예요. 하지만 그동안 여기서 배운 내용도 있고 해서 화를 내며 한바탕 소란을 피우는 대신 다른 수를 쓰는 게 낫지 않을까 하는 생각이 들었습니다. 그래서 세입자를 만나 이렇게 말했습니다. '말씀은 잘 알겠습니다만, 여전히 선생께서 이사하고자 한다는 게 믿기질 않습니다. 몇 년간 임대업을 하다 보니 사람 보는 눈이 생겼는데, 선생은 첫눈에 약속을 지키는 분이라는 느낌이 들었거든요. 사실 저는 그

부분에 대해서는 내기를 해도 좋을 정도로 확신하고 있습니다. 그래서 제안을 하나 드리고 싶습니다. 결정을 며칠만 미루고 다시 생각해주시길 바랍니다. 만약 선생께서 다음 달 1일 집세 내는 날 전에 절 찾아와서 그래도 이사를 해야겠다고 하면 그 결정을 받아들이기로 하겠습니다. 아무런 부담 없이 이사하도록 보장해드리고 저는 제 판단이 틀렸다는 것을 인정하기로 하겠습니다. 하지만 저는 여전히 선생께서는 약속을 지키는 분이라 계약을 그대로 이행하실 거라고 믿습니다. 어쨌든 사람 일이라는 게 뜻하지 않은 쪽으로 흘러갈 수도 있는 거니까, 각자 선택을 내리고 그에 따르는 책임은 각자 감수하는 게 맞겠지요. 다음 달 1일이 되자 그는 직접 찾아와서 집세를 건넸습니다. 부부가 같이 상의한 끝에 계속 사는 것으로 결정했다고 했습니다. 욕먹지 않고 살려면 계약 내용을 지키는 수밖에 없다고 결론을 내린 겁니다."

고(故) 노스클리프 경은 생전에 스스로 공개하고 싶지 않던 사진이 신문에 실린 것을 보고는 신문사 편집장에게 편지를 썼다. 하지만 "내 마음에 들지 않으니 더 이상 그 사진을 쓰지 말아주시오."라고 썼을까? 그렇지 않다. 그는 보다 고상한 동기에 호소했다. 우리 모두가 어머니를 향해 품는 존경과 사랑의 감정을 상기시킨 것이다. "부디 그 사진은 더 이상 올리지 말아주셨으면 합니다. 제 어머니께서 싫어하십니다."

존 D. 록펠러 2세도 자녀들의 사진이 신문에 실리지 않게 하려고 이와 유사하게 고상한 동기에 호소했다. 그는 "우리 아이들의 사진이 실리지 않았으면 합니다"라고 말하지 않았다. 그는 아이들이 다치지 않기를 바라는 이 세상 모든 부모의 소망을 상기시켰다. "어떤 연유로 그러는지 여러분도 잘 알지 않습니까? 여러분 중에 자녀를 두신 분도 있으리라 생각합니다. 어린아이들이 세상의 관심을 너무 많이 받으면 여러 가지 악영향이 생길 수 있잖습니까?"

메인주의 한 가난한 집안에서 태어난 사이러스 H. K. 커티스는 훗날 〈새터데이이브닝포스트〉와 〈레이디스홈저널〉을 창간해 갑부가 되었다. 그런 경력의 초기에 그는 다른 잡지사만큼 원고료를 지불할 형편이 되지 못했다. 그래서 그는 보다 고상한 동기에 호소하는 방법을 썼다. 예를 들면 〈작은 아씨들〉의 저자 루이자 메이 올컷이 절정의 명성을 누리던 시기에 원고 청탁에 성공하기도 했는데, 그녀에게 100달러짜리 수표를 건네는 대신 그녀가 선호하는 자선단체에 기부하겠다고 제안한 것이다.

여기서 혹자는 이렇게 말할지도 모른다. "노스클리프나 록펠러의 요구니까 먹히고 감상적인 소설가니까 그런 부탁이 통할지 몰라도, 갚아야 할 돈이나 밀린 돈을 어떻게든 지불하지 않으려고 애쓰는 뻔뻔한 인간들이나 얌체들한테도 그런 게 과연 통할까?"

그 말이 맞을지도 모른다. 모든 상황에 들어맞거나 모든 사람에게 통하는 방법은 없다. 만약 지금 얻고 있는 결과에 만족한다면 바꾸려 애쓸 필요가 없다. 하지만 만족하지 못한다면 시도는 해봐야 하지 않겠는가?

Double-Check

1. 사람들은 대부분 정직하지만 자신의 부담은 덜어내고 싶어 한다고 전제하고 접근하면 보다 고상한 동기에 호소할 방법을 찾을 수 있다.

2. 어떤 사람이든 당신이 그를 정직하고 올곧으며 공정한 사람으로 여긴다고 느끼게 해주면 대부분 호의적으로 반응한다.

제33강
도전 정신을 자극하라

찰스 슈왑이 운영하는 공장 중에 생산 할당량을 채우지 못하는 공장이 있었다. 슈왑은 공장장에게 물었다. "당신처럼 유능한 관리자가 마땅히 생산해야 할 양조차 채우지 못하다니 어찌된 일인가요?"

공장장은 대답했다. "저도 잘 모르겠습니다. 직원들을 구슬리기도 하고 닦달하기도 하고 자른다고 위협하기도 했는데 전혀 먹히질 않습니다. 사람들이 요령만 피우고 열심히 일하려고 하질 않습니다."

마침 야간 근무조가 오기 바로 전, 다시 말해 주간 근무가 끝날 즈음이었다. 찰스 슈왑은 공장장에게 분필 하나를 가져다 달라고는 가까이 있는 직원에게 물었다. "오늘 주간 근무조는 가열 처리를 몇 번이나 했지요?"

"여섯 번입니다."

슈왑은 아무 말 없이 분필로 바닥에 "6"이라고 크게 써놓고 현장을 떠났다. 잠시 후 야간 근무조가 도착해서 바닥에 쓰인 숫자 "6"을 보고 무슨 뜻인지 물었다.

"오늘 사장님이 오셨는데 우리가 가열 처리를 몇 번 했는지 묻길래 여섯 번이라고 답했더니 저렇게 써놓고 가시더군."

다음 날 아침 슈왑이 다시 공장을 방문했다. 야간 근무조가 "6"이라는 숫자를 지우고 "7"이라고 써놓은 게 보였다. 주간 근무조 역시 출근하자마자 바닥에 분필로 크게 "7"이 적혀 있는 것을 보았다. 야간 조가 자신들이 주간 조보다 낮다고 생각한 게 분명했다. 주간 조는 야간 조에게 무언가를 보여줘야겠다고 마음먹지 않을 수 없었다. 주간 조는 열정적으로 작업에 매달렸고 저녁 교대 시간이 되자 "10"이라는 숫자를 큼지막하게 남겼다. 그렇게 숫자는 계속 높아졌고, 생산량이 한참 뒤처지던 공장은 얼마 지나지 않아 단지 내에서 가장 높은 생산성을 자랑하게 되었다.

찰스 슈왑은 이렇게 말했다. "경쟁심을 자극해서 상황을 개선한 사례입니다. 돈벌이만 목적으로 삼는 추악한 경쟁심이 아니라 남보다 뒤지고 싶지 않은 인간 본연의 경쟁심을 말하는 겁니다."

남보다 더 잘하려는 욕구, 어려움을 극복하려는 의지 등과 같은 도전 정신을 자극하는 것은 실패할 가능성이 거의 없는 호소 방법에 속한다.

그런 도전적인 자극이 없었다면 시어도어 루스벨트는 미국의 대통령이 되지 못했을 것이다. 의용기병대 '러프 라이더'를 이끌고 스페인과의 전쟁에 참전했던 루스벨트는 쿠바에서 돌아온 직후 전쟁에서 얻은 명성을 바탕으로 뉴욕 주지사에 당선되었다. 하지만 반대파는 루스벨트가 뉴욕주의 거주민이라는 법적 요건을 충족하지 못한다는 사실을 발견했고, 위협을 느낀 루스벨트는 자리에서 물러나려고 했다. 그러자 당시 뉴욕주 상원의원 토머스 콜리어플래트가 그를 찾아가 도전 의욕을 불러일으켰다. 그는 쩌렁쩌렁한 목소리로 이렇게 호통쳤다. "산후안 힐의 영웅이 결국 겁쟁이였단 말인가?"

이 말에 자극받은 루스벨트는 계속 맞서 싸웠고, 나머지 이야기는 역사에 기록되어 있다. 도전 정신은 그의 인생만 바꾼 게 아니라 조국의 미래에도 지대한 영향을 미쳤다.

알 스미스도 뉴욕의 주지사 시절, 이 방법을 이용했다. 데블스아 일랜드 서부에 위치한 악명 높은 형무소였던 싱싱 교도소에 교도소 장 자리가 비었을 때의 일이다. 부정부패와 온갖 추한 소문이 교도 소 안팎으로 넘쳐났다. 스미스 주지사는 싱싱 교도소를 제대로 관 리할 강력한 인물이 필요했다. 누구를 보낼 것인가? 스미스는 뉴햄 프턴의 루이스 E. 로스를 불렀다.

"자네가 싱싱 교도소를 맡는 게 어떻겠나?" 스미스는 유쾌한 목 소리로 로스에게 제안했다. "경험이 많은 사람이 필요한 자리라네."

루이스는 난감했다. 그는 싱싱 교도소의 문제를 알고 있었다. 그 곳은 전혀 예상할 수 없는 정치적 변덕이 좌우하는 자리였다. 심심 하면 소장이 바뀌었다. 심지어 3주 만에 잘린 소장도 있었다. 그는 자신의 경력을 신경 쓰지 않을 수 없었다. 그런 위험을 감수할 가치 가 있을까?

그렇게 망설이는 로스를 본 스미스는 몸을 젖혀 의자 등받이에 기대고는 미소를 지으며 말했다. "젊은이, 자네가 겁먹는다고 해서 비난할 생각은 없네. 그만큼 힘든 자리니까 말이야. 아무래도 거기 가서 버티려면 큰 인물이어야 하겠지."

그렇게 스미스는 도전적인 자극을 가했다. 로스는 '큰' 인물이 필요한 자리에 도전한다는 사실이 마음에 들었다. 그는 그 직책을 받아들였고, 당대의 가장 유명한 교도소장이 되었다. 그가 쓴 〈싱싱 교도소에서 보낸 2만 년〉이라는 책은 수십만 권이나 팔렸고, 그는 방송에도 출연했으며, 교도소 생활에 대한 그의 이야기에 영감을 얻은 영화가 수십 편 제작되기도 했다. 수감자들에 대한 그의 "인도적" 대우는 교도소 개혁 방식에 기적을 창출했다.

Double-Check

파이어스톤 타이어의 창업자 하비 S. 파이어스톤은 이렇게 말했다. "돈만 많이 준다고 인재가 찾아오고 또 유지되는 것이 아니다. 자신을 표현할 기회, 자신의 가치를 입증하고 앞서가고 승리할 기회, 즉 경쟁과 도전을 부추기는 게임 같은 요소가 있어야 한다."

비난이나 지적보다 칭찬이나 감사의 말로 시작하라

캘빈 쿨리지 정부 시절, 내 친구 한 명이 백악관에 초대되어 주말을 머문 적이 있었다. 친구는 대통령의 개인 집무실로 들어서다가 대통령이 비서에게 하는 말을 듣게 되었다. "오늘 아침 입고 있는 옷이 참 예쁘군. 우리 비서는 아주 매력적인 아가씨야." 아마 그것은 평소 과묵한 쿨리지 대통령이 비서에게 던진 가장 과한 칭찬이었을 것이다. 너무 드문 경우이고 전혀 예상치 않은 상황이었던 터라 비서는 얼굴을 붉히며 당황해했다. 그러자 쿨리지 대통령이 말했다. "너무 우쭐하진 말게나. 기분 좀 좋으라고 한 말이니까. 자, 이제부터는 글을 쓸 때 구두점 표기에 좀 더 신경을 써주면 좋겠네."

쿨리지의 방법은 너무 빤해 보이는 게 사실이지만, 인간 심리에 대한 그의 이해만큼은 훌륭했다고 할 수 있다. 사람은 누구나 좋은 점을 먼저 칭찬받고 나면 불쾌한 말을 좀 더 쉽게 받아들인다.

이발사는 손님의 얼굴을 면도하기 전에 비누 거품부터 칠한다. 바로 그것이 매킨리가 1896년 대통령 선거에 출마했을 때 활용한 방식이다. 당대의 한 유명한 공화당원이 선거 연설문을 작성해 그에게 들고 왔다. 그는 자신의 연설문이 키케로와 패트릭 헨리, 그리고 다니엘 웹스터의 필력을 모두 합쳐서 작성된 것보다 조금 낫다고 생각했다. 너무 신이 난 나머지 그는 그 불멸의 연설문을 매킨리 앞에서 큰 소리로 읽어나갔다. 연설문은 나름 훌륭한 부분도 있었지만, 그대로 사용하기에는 적절치 않았다. 여기저기서 엄청난 비난의 화살이 날아들 게 분명했다. 하지만 매킨리는 상대의 감정을 상하게 하고 싶지 않았다. 그의 훌륭한 열정에 찬물을 끼얹어서도 안 되지만, 그렇다고 그것을 받아서 쓸 수도 없었다. 그렇다면 매킨리는 어떻게 상황을 처리했을까?

그는 이렇게 말했다. "친구, 아주 멋진 연설문이에요. 정말 감명 깊은 내용이에요. 누구도 이것보다 더 훌륭한 연설문을 쓸 수는 없을 거예요. 이 연설문이 적절하게 활용될 수 있는 상황이 아주 많다고 생각해요. 하지만 이번 대선과 같은 상황에도 적절한지에 대해서는 다소 의문이 드는군요. 친구의 개인적 관점에서는 견실하고 냉철한 연설이겠지만, 나는 당의 관점에서 그 효과를 고려하지 않을 수 없다고 생각해요. 이렇게 합시다. 내가 지적하는 부분을 반영해서 다시 작성하기로 말이에요."

그는 매킨리의 제안을 따랐다. 매킨리는 필요한 부분 여기저기에 밑줄을 긋고 첨언을 해서 그가 두 번째 연설문을 완성하도록 도왔다. 그렇게 매킨리의 매우 영향력 있는 선거운동 연설문이 탄생한 것이다.

이러한 전략을 일상적인 비즈니스 관계에도 활용할 수 있을까? 필라델피아에 있는 와크컴퍼니의 직원인 W. P. 고든의 사례를 보자. 와크컴퍼니는 필라델피아에 정해진 기한까지 대형 사무용 건물을 세우는 건설 계약을 맺었다. 모든 과정이 순조롭게 진행되어 건물이 거의 완공될 무렵, 갑자기 건물 외관의 청동 장식을 맡은 하청업자가 일정에 맞춰 납품할 수 없다고 통보했다. 뭐 이런?! 그렇게 완공이 미뤄지면 막중한 지체보상금을 물고 큰 손실을 입게 될 터였다. 단지 그 하청업자 때문에!

수차례나 장거리 전화로 따지고 부탁하고 소리도 질렀지만 모두 헛수고였다. 결국 회사는 하청업자와 담판을 짓고 오라고 고든을 뉴욕으로 파견했다.

업체에 찾아가 사장을 만난 고든은 먼저 그동안 방문했던 유사 업종의 공장에 비해 규모가 상당히 커서 인상적이라는 칭찬부터 던졌다. "게다가 제가 본 청동 공장 중에서 가장 깨끗하고 가장 잘 정돈되어 있군요."

사장이 대답했다. "평생을 고생하면서 일군 사업체지요. 솔직히 아주 자랑스럽습니다. 공장을 한번 둘러보시겠습니까?"

공장을 둘러보면서 고든은 공장의 제작 시스템을 칭찬하면서 어떤 면에서 그리고 왜 이 공장이 다른 경쟁업체에 비해 뛰어나 보이는지 설명했다. 고든이 일부 생소한 기계에 대해 질문하자 사장은 자신이 직접 고안한 기계라며 자랑했다. 그는 꽤 긴 시간 동안 그 기계들이 어떻게 작동하는지, 그리고 얼마나 멋진 작품을 만들어내는지 보여주었다. 사장은 고든에게 점심을 대접하겠다고 고집했다. 지금까지 고든이 공장을 방문한 진짜 이유에 대해서는 한마디도 하지 않았다는 사실에 주목할 필요가 있다.

점심 식사 후에 사장이 말했다. "자, 이제 본론으로 들어갑시다. 당연히 당신이 왜 여기까지 왔는지 잘 알고 있지요. 사실 우리가 만나서 이렇게 즐거울 거라고는 기대하지 않았다오. 설령 다른 납품 건들이 지연되더라도 귀사에서 주문한 물건은 일정에 맞게 제작해서 보내겠다고 약속해줄 테니, 이제 필라델피아로 돌아가셔도 됩니다."

고든은 어떤 요구도 하지 않았지만, 원하던 모든 것을 얻었다. 물건은 제때 도착했고, 건물은 계약서에 명시된 날짜에 문을 열었다. 만일 고든이 이런 상황에서 흔히 그러듯이 계약 불이행을 탓하며 비난부터 퍼부었다면 이런 결과를 얻을 수 있었을까?

Double-Check

❙ 지적하고 싶으면 칭찬으로 시작하라. 단 그 칭찬에는 진심을 담아야 한다.

제35강
명령을 제안으로 대체하라

명령받는 것을 좋아하는 사람은 없다.

최근 나는 미국 전기작가들의 대모라 할 수 있는 아이다 타벨 여사와 식사를 같이 했다. 나는 그녀에게 이 책을 쓰는 중이라고 말했고, 우리는 인간관계의 중요한 주제 하나를 놓고 대화를 시작했다. 그녀는 오웬 D. 영의 자서전을 쓰는 과정에서 영과 3년 동안 같은 사무실을 쓴 사람을 인터뷰한 적이 있다고 말했다. 그는 영과 함께 일하면서 영이 다른 사람에게 직접적인 명령을 내리는 것을 들어본 적이 없다고 했다. 영은 언제나 지시하지 않고 제안하는 방식으로 자신의 의사를 전했다. 예를 들면 그는 결단코 "이것을 하라, 저것을 하라." 또는 "이런저런 것을 하지 마라."와 같은 식으로 말하지 않았다. 대신에 그는 "이 점을 고려해볼 수 있지 않을까요?"나 "이렇게 하면 효과가 있지 않을까요?"와 같은 식으로 자신의 바라는 바를 전했다. 또 비서에게 편지를 받아쓰게 한 다음에는 "이 부분에 대해 어떻게 생각해요?"라는 식으로 의견을 묻곤 했다. 그리고 비서가 쓴 공식 서한을 검토할 때에는 "이 부분은 이렇게 표현하는 게 낫지 않을까요?"라는 식으로 의견을 개진했다. 그는 항상 사람들에게 스스로 무언가를 할 기회를 주고자 했다. 그렇게 직원이 알아서 하게 하고, 실수를 통해 배우도록 유도했다.

이런 방식은 사람들이 실수를 스스로 고쳐나가는 과정을 수월하게 만든다. 이것은 사람들의 자존심을 지켜주며 그들 모두 자신이 중요한 사람이라는 생각이 들게 하는 기법인 동시에 반감 없이 협력하려는 마음을 북돋는 기술이다.

▌명령받는 것을 좋아하는 사람은 없다는 사실과 더불어 다음에 대해서도
생각해보라.

1. 잘못을 지적할 때 간접적인 방법을 이용하면 더 깊은 깨우침을 줄 수 있다.

2. 상대를 비판하기 전에 자신의 잘못을 먼저 언급하면 상대의 거부감을 허물 수 있
다.

3. 자존심을 다친 사람은 복수심을 키운다.

제36강
칭찬의 힘을
과소평가하지 마라

피트 바로우는 나의 오랜 친구로 서커스단이나 곡마단에서 개나 조랑말 등의 동물 쇼를 진행하며 평생을 보냈다. 나는 피트가 공연을 위해 새로운 개를 훈련하는 광경을 보는 것을 아주 좋아했다. 피트는 개가 조금이라도 진전을 보이면 개를 쓰다듬고 칭찬하고 간식을 주며 실로 대단한 성취라도 이룬 양 요란을 떨었다. 이것은 전혀 새로울 게 없는 방법이다. 수세기 전부터 동물 조련사들이 이용해 온 방법이다.

나는 문득 개를 훈련할 때 쓰는 것과 같은 상식적인 방법을 우리는 왜 사람을 변화시키고자 할 때는 사용하지 않는지 궁금해졌다 왜 우리는 당근보다는 채찍에 더 의존할까? 왜 우리는 비난 대신 칭찬을 이용하지 않을까? 아주 작은 향상이라도 칭찬을 해주면 계속해서 발전하고 싶은 의욕과 힘이 솟아나지 않을까?

루이스 E. 로스 교도소장은 싱싱 교도소의 수감자들조차 아주 사소한 향상이라도 칭찬을 해주면 변화가 생긴다는 사실을 발견했다. 이 책을 쓰는 중에 나는 루이스 소장에게서 편지를 받았다.

"재소자들의 노력에 대해 적절하게 칭찬하는 것이 그들의 잘못을 힐책하고 벌을 주는 것보다 협조를 끌어내기 더 쉽고 궁극적으로 그들의 갱생과 사회 복귀에도 훨씬 도움이 된다는 사실을 알게 되었습니다."

나는 교도소에 갇혀본 적이 없다. 적어도 현재까지는 그렇다. 하지만 지난 삶을 되돌아보면 몇 마디 칭찬의 말이 나의 미래를 완전히 바꿔놓은 적이 있음을 알 수 있다. 당신의 인생에도 그런 경우가 있지 않은가? 역사는 칭찬이 마법 같은 기적을 일으킨 경이로운 이야기들로 넘쳐난다.

지금으로부터 약 50년 전 나폴리의 한 공장에서 일하던 열 살 소년의 사연을 들어보자. 소년은 가수가 되기를 간절히 원했다. 하지만 그의 첫 번째 선생은 그를 낙담시켰다. 선생은 소년에게 이렇게 말했다. "너는 가수가 될 수 없어. 목소리에 가수가 아예 없어. 마치 덧문을 흔드는 바람 소리 같단 말이야."

하지만 가난한 소작농이었던 그의 어머니는 그를 품에 안고 "너는 노래를 잘하고 점점 발전하고 있어."라며 칭찬해주었다. 그리고 아들의 레슨비를 대기 위해 신발도 없이 맨발로 다니곤 했다. 가난한 어머니의 칭찬과 격려는 소년의 인생을 완전히 바꾸어놓았다. 그 소년이 바로 당대 최고의 테너 가수 엔리코 카루소다.

오래 전 런던에 살고 있던 한 젊은이는 작가가 되고 싶었다. 하지만 모든 상황이 그의 꿈을 가로막는 것 같았다. 그는 학교를 고작 4년밖에 다니지 못했다. 그의 아버지는 빚을 갚지 못해 투옥되었고, 그는 자주 끼니를 건너뛰었다. 결국 젊은이는 쥐가 득실거리는 창고에서 검정 구두약 통에 라벨을 붙이는 일을 하게 되었다. 그리고 밤에는 런던 빈민가의 부랑아인 두 소년과 함께 음침한 다락방에서 잠을 잤다. 그는 자신의 작가적 역량에 대해서도 확신을 갖지 못했다. 그래서 다른 사람의 비웃음을 사지 않으려고 한밤중에 아무도 모르게 원고를 출판사에 부치곤 했는데, 매번 퇴짜를 맞았다. 그러던 어느 날, 그의 원고 한 편이 받아들여지는 엄청난 일이 벌어졌다. 사실 원고료로 1실링도 받지 못했지만, 중요한 것은 편집장이 자기를 칭찬해주었다는 사실이었다. 출판사 편집장으로부터 인정을 받은 것이었다. 그는 너무 감격한 나머지 눈물을 그렁그렁 매달고 거리 여기저기를 돌아다녔다.

한 편의 이야기를 출판하며 그는 칭찬과 인정을 받았고, 이후로 그의 인생은 송두리째 바뀌었다. 만약 그런 격려가 없었다면 그는 아마도 평생을 쥐가 득실거리는 공장에서 보냈을 것이다. 당신도 아마 그의 이름을 들어보았을 것이다. 바로 찰스 디킨스다.

Double-Check

19세기 미국의 심리학자이자 철학자 윌리엄 제임스는 이렇게 말했다. "우리가 지닌 잠재력과 비교해보면 우리는 절반만 깨어 있는 셈이다. 우리는 신체적, 정신적 자원의 극히 일부만을 사용하고 있다. 따라서 폭넓게 말하자면 인간 개개인은 자신의 한계에 한참 못 미치는 삶을 살아간다. 인간은 실로 다양한 종류의 능력을 보유하는데, 그것들이 으레 사용될 기회조차 얻지 못한 채 묻히고 만다." 그런 능력을 일깨우는 것이 바로 칭찬이다.

제37강
결점은 쉽게 고칠 수 있다고 느끼게 하라

얼마 전 마흔이 다된 친구 한 명이 독신 생활에서 벗어나 약혼을 했는데, 약혼녀의 권유로 그 나이에 댄스 교습을 받게 되었다. 그 친구의 이야기를 들어보자.

"내 댄스가 많이 부족하다는 건 누구나 다 알지. 20년 전 처음 배웠을 때와 비교해서 별반 나아진 게 없으니까. 그래서 교습을 받았는데... 첫 번째 선생은 아마 내게 진실을 말했을 거야. 그녀는 내 댄스가 너무 엉망이라 모든 것을 지워버리고 처음부터 다시 시작해야 한다고 말했지. 하지만 나는 그 말을 듣자 댄스를 배우고 싶은 마음이 사라지더군. 의욕 자체가 생기지 않더란 말일세. 그래서 그녀에게 배우는 걸 포기했지. 그 다음에 만난 선생은 거짓말을 했을지도 모르지만, 난 그게 맘에 들었어. 선생은 대수롭지 않다는 듯 내 춤이 조금 구식이긴 하지만 기본은 잘 잡혀 있어서 몇 가지 새로운 스텝을 배우는 게 그다지 어렵지 않을 거라고 말했거든. 첫 번째 선생은 결점을 강조해서 내 의욕을 꺾어놓았지만 두 번째 선생은 그와 정반대로 나왔던 거지. 그 선생은 내가 잘하는 부분은 계속 칭찬하면서 실수는 별거 아닌 것으로 느끼게 해주었어. '리듬감이 아주 좋네요. 타고난 춤꾼이시네요.'라는 말로 자신감을 심어주면서 말이야. 물론 나는 내가 언제나 춤을 잘 추지 못했고 앞으로도 거기서 크게 달라질 게 없다는 걸 잘 알지. 하지만 그럼에도 마음 깊은 곳에서는 여전히 그 선생의 말이 진심이었을지도 모른다는 기대를 품곤 한다네. 확실히 내가 수강료를 내니까 선생이 그런 말을 했겠지만, 굳이 진위를 따지고 밝힐 일은 아니지 않겠는가. 어쨌든 난 리듬감을 타고났다는 얘기를 들은 이후로 훨씬 더 춤을 잘 추게 되었다고 생각해. 그 말이 내게 용기를 북돋우며 희망을 주었고 더 잘하고 싶은 욕구를 갖게 해주었거든."

자녀나 배우자, 직원에게 어리석다거나 멍청하다거나 재능이 없다거나 엉망진창으로 일한다고 평하면 어떤 결과를 얻을 수 있겠는가? 대개의 경우 개선하기 위해 노력하려는 의욕이나 열의를 말살하는 결과만 낳을 뿐이다. 그렇다면 반대의 방법을 사용하는 것이 정답이다. 격려를 아끼지 마라. 쉽게 할 수 있는 일로 보이게 하라. 상대가 그 일을 할 수 있다는 걸 당신이 믿고 있다고 말하라. 상대에게 숨겨진 재능이 있음을 깨닫게 하라. 그러면 상대는 더 나아지기 위해 밤낮을 가리지 않고 노력할 것이다.

인간관계의 대가 로웰 토머스도 이 기법을 사용한다. 그는 상대를 칭찬하고 자신감을 심어주며 신념을 갖게 한다. 내가 직접 관련된 예가 있다. 토머스 부부와 함께 보낸 어느 주말의 토요일 저녁, 그는 내게 따뜻한 벽난로 앞에 앉아 친목 차원의 브리지 게임을 하자고 했다. 브리지 게임? '오, 노. 안 돼. 난 브리지 게임을 하는 사람이 아니야.' 나는 그 게임에 대해 전혀 몰랐다. 그 게임은 언제나 내게 미스터리였다. 나는 하지 못한다고 답했다.

그러자 로웰이 말했다. "데일. 전혀 복잡한 게임이 아닐세. 어렵지 않아. 약간의 기억력과 판단력만 동원하면 되는 걸세. 자네는 기억력에 관해 글을 쓴 적도 있잖은가. 브리지 게임은 자네에게 누워서 떡 먹기나 마찬가지라네. 분명히 금방 전문가 뺨치게 될 걸세."

어느새 나는 내가 무엇을 하는지 제대로 깨닫지도 못한 채 생전 처음 브리지 게임을 하고 있었다. 내가 그럴 수 있었던 것은 당연히 내가 그 게임에 재능이 있을 것이라는 말을 들은 데다가 게임 방식이 그리 어렵지 않을 것으로 느껴졌기 때문이다.

Double-Check

1. 기회가 있을 때마다 격려하고 자신감을 갖게 하라.
2. 상대에게 고쳐주고 싶은 결점이 보이면 그것이 고치기 쉬운 것으로 느끼게 하라.
3. 상대에게 무언가를 하게 만들고 싶으면 그것이 하기에 쉬운 것처럼 보이게 하라.

제38강
두려움에 귀를 기울이지 마라

1912년 내가 대중 강연에 관한 교육 및 훈련 강좌를 시작한 이후로 1만 8,000명이 넘는 비즈니스맨이 그 과정을 거쳐 갔다. 나는 매번 그들에게 강좌를 수강하게 된 이유와 얻고자 하는 것이 무엇인지 적어달라고 요청했다. 당연히 표현 방식은 모두 달랐지만, 그들의 가장 주요한 욕구와 사람들 대다수의 기본적인 갈망은 놀라울 정도로 비슷했다.

"많은 사람 앞에서 무언가를 말해야 할 때 사람들의 시선이 너무 두려워 생각이 잘 정리되지 않고 집중도 잘 안 되며 말하려고 했던 내용도 잘 기억나지 않습니다. 사람들 앞에 섰을 때 자신감과 평정심을 유지하며 생각을 제대로 전달하는 능력이 있으면 좋겠습니다. 사업상의 관계자들이나 이런저런 청중 앞에서 제 생각을 논리적으로 정리해 분명하게 말할 수 있으면 좋겠습니다."

그렇다면 어떻게 해야 하는가? 결론부터 말하자면, 그런 능력을 갖추는 일은 그다지 어렵지 않다. 그것은 신의 뜻에 따라 특정한 몇 명에게만 부여되는 천부적 재능이 아니다. 골프를 칠 줄 하는 능력과 마찬가지로 하고자 하는 의욕만 충분하면 누구든지 자신의 잠재된 능력을 발현하고 발전시킬 수 있다. 먼저 다음 사항을 명심하기로 하자.

1. 뛰어난 연설가 대부분은 한 사람과 대화할 때보다 여러 사람을 마주했을 때 더 생각을 잘하고 더 말도 잘한다. 사람이 많을수록 자극도 커지고 영감도 고취되기 때문이다. 당신도 얼마든지 그런 경지에 오를 수 있다.

2. 당신의 경우가 특별하다고 여기지 마라. 나중에 유명한 연설가가 된 많은 사람도 사회생활 초기에는 지나친 자의식으로 괴로워했고, 청중에 대한 두려움으로 몸이 거의 마비되기까지 했다.

3. 자주 연단에 오른 사람도 연설을 시작하기 직전에 지나친 자

의식을 느낄 수 있다. 하지만 일어선 다음 몇 초만 지나면 그런 느낌은 완전히 사라지니 걱정하지 마라.

4. 필요한 능력을 신속하고 효율적으로 얻어내려면 다음 네 가지 사항을 실천하라.

❶ 강하고 끈질긴 의욕을 갖고 시작하라. 당신이 노력을 기울여 배움으로써 얻게 될 혜택을 나열해보라. 그에 대한 열정을 불러일으켜라. 그 혜택이 재정적으로, 그리고 사회적으로 어떤 의미가 있는지, 늘어나는 영향력과 리더십과 관련해서는 어떤 의미가 있는지 생각해보라. 당신의 발전 속도는 당신의 의욕이 얼마나 강한지에 달려 있다.

❷ 상황에 맞는 준비를 갖춰라. 무엇에 대해 말해야 할지 모른다면 자신감이 생길 리 없다. 자신감은 충분한 준비에서 나온다는 얘기다.

❸ 자신 있게 행동하라. 윌리엄 제임스 교수는 이렇게 조언한다. "용기를 느끼려면 용감한 사람처럼 행동하고, 그런 목표를 위해 의지력을 최대한 발휘하라. 그렇게 하면 우발적인 용기가 순간적인 두려움을 대체할 가능성이 커진다. 시어도어 루스벨트는 그런 방식으로 회색곰과 사나운 말, 그리고 총잡이에 대한 두려움을 물리쳤다고 고백한 바 있다. 당신도

그런 심리적 지식을 활용해 청중에 대한 두려움을 떨쳐낼 수 있다.

❹ 연습하라. 연습이야말로 가장 중요한 요소다. 두려움은 자신감 부족에서 나오는 것이고 자신감 부족은 무엇을 할 수 있는지 모르는 데서 나오는 결과이며 무엇을 할 수 있을지 모르는 것은 경험 부족에서 비롯된다. 그러므로 성공의 경험을 경력에 쌓아가면 두려움은 저절로 사라질 것이다.

Double-Check

"용기는 남자다움의 주요한 특질이다."

– 다니엘 웹스터

"두려움의 눈으로 미래를 들여다보는 것은 절대로 안전하지 않다."

– E. H. 해리먼

"두려움이 주는 조언을 받아들이지 마라."

– 스톤월 잭슨의 좌우명

"가능하다고 생각하면, 아무리 어려운 일이라도 자신을 독려하며 해낼 수 있다. 하지만 아무리 쉬운 일이라도 하기 힘들다고 생각하면, 두더지가 파 놓은 흙 두둑조차도 넘지 못할 산으로 보일 것이다."

– 에밀리 쿠

제39강
철저히 준비하라

연설은 준비만 잘하면 9부 능선을 넘는 셈이다. 그렇다면 어떻게 해야 준비를 잘하는 것일까? 다음을 명심하라.

1. 연사의 머릿속에 분명한 메시지가 들어 있고 연사의 가슴속에 충만한 동기가 담겨 있을 때 훌륭한 연설이 나올 가능성이 커진다. 따라서 메시지와 동기부터 확실히 정립해야 한다.

2. 준비란 무엇인가? 문장 몇 개를 종이에 적어두는 것인가? 멋진 구절을 외워두는 것인가? 그렇지 않다. 진정한 준비는 당신의 내면에서 무언가를 끌어내는 것, 당신 자신의 생각을 모으고 정리하

는 것, 그리고 당신 자신의 확신을 보살피고 육성하는 것이다. (예를 들자면, 뉴욕에 사는 잭슨이 그저 〈포브스〉에 실린 글에서 다른 사람의 의견을 추리고 정리해 전달하려고 했을 때 그의 연설은 참담한 실패로 끝났다. 하지만 그가 그런 타인의 의견을 자신의 연설을 위한 출발점으로만 이용하고 자신의 생각을 발전시켜 나름의 예화를 토대로 의견을 개진했을 때에는 큰 성공을 거두었다.)

3. 자리에 앉아 30분 내지 한 시간 안에 연설을 만들어내려고 애쓰지 마라. 연설은 스테이크처럼 주문하면 바로 준비할 수 있는 요리가 아니다. 연설문은 성장해야 한다. 적어도 일주일 전에 주제를 정하고 그에 관해 틈틈이 생각하고 곰곰이 짚어보고 그것을 생각하면서 잠들고 꿈도 꾸어야 한다. 그 주제로 친구들과 토론도 나눠보라. 기회가 날 때마다 그 주제를 대화의 소재로 삼아라. 그것과 관련이 있을 만한 질문을 스스로 자문하라. 머리에 떠오르는 모든 질문과 사례를 종이에 기록하고 더 많은 것을 찾기 위해 계속 노력하라. 그러면 목욕을 하거나 운전을 하거나 저녁 식사를 기다리는 등의 잡다한 시간에도 아이디어와 제안과 사례들이 떠오를 것이다.

4. 자신만의 생각을 어느 정도 정리한 다음에는 주제와 관련된 자료를 찾아 당신의 생각과 같은 주장과 그에 반하는 주장을 살펴보라. 주제에 살을 붙이는 데 도움이 될 것이다.

5. 당신이 사용하려고 생각하는 분량보다 훨씬 더 많은 자료를 수집하라. 100가지 생각을 모은 다음 90개는 버린다는 마음으로 임하라.

6. 돌발 상황이나 예상치 않은 질문에 대응하려면 예비적 힘을 비축해야 한다. 당신이 쓸 수 있는 분량보다 훨씬 더 많은 내용을 숙지하는 것이 그 방법이다.

이와 더불어 에드워드 에버렛 헤일 박사가 남긴 다음의 조언을 참고하기 바란다.

"연설자는 청중 앞에 나서기 전에 친구에게 다음과 같은 내용의 편지를 보내야 한다. '나는 이 주제를 중심으로 연설할 생각이며, 이러이러한 점을 강조하고 싶다네.' 그리고 올바른 순서에 맞춰 말하려는 내용을 열거해야 한다. 만약 그 편지에 쓸 말이 없다면, 자신을 연설자로 초대한 주최 측에 할머니가 그때쯤 돌아가실 것 같아서 참석하기 어렵다는 내용의 편지를 보내는 것이 낫다."

Double-Check

"자신감을 얻는 최고의 방법은 말하고자 하는 것에 대해 최대한 잘 준비해 실패의 가능성을 최소로 줄이는 것이다."

– 록우드 소프, "퍼블릭 스피킹 투데이"

"'순간의 영감에 의지하라.'라는 구절은 많은 이의 유망한 경력을 좌초시킨 치명적인 격언이다. 영감을 얻을 수 있는 가장 확실한 방법은 준비다. 나는 용기와 능력이 있으면서도 노력이 부족해 실패하는 사람들을 수없이 목도했다. 잊지 마라. 연설 주제에 통달해야 비로소 훌륭한 연설을 할 수 있다."

– 로이드 조지

제40강
사랑하라, 있는 그대로

　영국의 정치가이자 작가였던 벤자민 디즈레일리는 이렇게 말한 바 있다. "살면서 많은 바보짓을 저질렀지만, 난 결단코 사랑을 위해 결혼하지는 않았다."

　실제로 그는 그랬다. 그는 서른다섯 살까지 싱글로 지내다가 부유한 미망인, 그보다 15살이 많은 미망인에게 청혼했다. 50년 세월의 흔적이 머리카락에 묻어나던 여인이었다. 사랑? 그녀도 알았다. 그가 자신의 돈 때문에 결혼하자고 한다는 것을. 그래서 그녀는 한 가지 조건을 제시했다. 1년 동안 사귀면서 그의 성격을 알아본 후 답을 주겠다는 것이었다. 그리고 1년이 지난 후 그녀는 그와 결혼

했다.

매우 계산적이며 세속적으로 들리지 않는가? 하지만 역설적이게도, 디즈레일리의 결혼은 결혼 생활이라는 그 말 많고 탈 많은 인간사에서 가장 성공적인 사례 중 하나로 기록된다.

디즈레일리가 선택한 그 부유한 미망인은 젊지도, 아름답지도, 영리하지도 않았다. 오히려 그런 부분과 아주 거리가 멀었다. 문학적, 역사적 지식도 얄팍해서 그녀가 입을 열면 수시로 비웃음이 유발되곤 했다. 예를 들면, 그녀는 "그리스 시대가 먼저인지 로마 시대가 먼저인지"도 알지 못했다. 옷 입는 취향도 괴팍했고 집안의 가구 배치도 제멋대로였다. 그러나 그녀는 천재였다. 결혼 생활에서 가장 중요한 것, 즉 남편을 다루는 기술에 있어서 진정한 천재였다.

먼저 그녀는 지력으로 남편과 맞서려 하지 않았다. 남편이 입심 좋은 공작부인들과 오후 내내 재담을 겨루다 지쳐서 돌아오면 그녀는 시시껄렁한 일상사를 재잘거리며 남편의 휴식을 도왔다. 갈수록 즐겁게도 집은 그가 쉽사리 정신적 긴장을 풀고 아내의 흠모가 풍기는 따사로움 속에서 쉴 수 있는 곳이었다. 그는 늙어가는 아내와 집에서 보내는 그 시간이 삶에서 가장 행복한 순간이라고 했다. 아내는 그의 배우자이자 절친이자 조언자였다. 디즈레일리는 매일 밤 의회의 일이 끝나는 대로 서둘러 귀가해 그날의 뉴스를 아내에게 전했다. 아내는 남편이 어떤 중책을 맡든 성공적으로 수행해낼 것이라 믿었고, 그런 식으로 격려했다.

30년 동안 그렇게 메리 앤은 디즈레일리만을 위해 살았다. 그녀는 자신의 재산조차도 남편의 삶을 수월하고 여유롭게 만들기 때문에 가치가 있다고 여겼다. 그렇다면 디즈레일리는? 그 역시 앤을 '공주'처럼 대했다. 그는 아내의 사후에 백작이 되었지만, 여전히 평민이던 시절 빅토리아 여왕을 설득해 아내에게 귀족 계급을 하사케 하기도 했다.

아내가 사람들 앞에서 아무리 어리석거나 무식해 보여도 그는 결코 아내를 비난하지 않았다. 면박도 주지 않았고, 행여 누군가가 감히 아내를 조롱하기라도 하면 득달같이 나서서 맹렬하게 아내를 옹호했다.

메리 앤은 완벽하지 않았지만, 30년 동안 늘 주저 없이 남편을 자랑스러워하고 칭찬하고 격려했다. 그 결과는 디즈레일리의 다음과 같은 말에 잘 담겨 있다. "30년 결혼 생활 동안 단 한 번도 지루하다거나 지겹다는 생각이 들지 않았지요."

디즈레일리 역시 아내가 자신의 삶에서 가장 중요하다는 사실을 기회가 생길 때마다 주저 없이 드러냈다. 그 결과는 앤의 다음과 같은 말에 잘 담겨 있다. "남편 덕분에 내 삶은 그저 하나의 긴 행복한 장면 같아요."

둘 사이에는 이런 농담이 가볍게 오가곤 했다.

"알다시피 난 당신의 돈을 보고 결혼한 거라오."

"알아요. 하지만 만약 다시 결혼한다면 나를 사랑해서 하게 되겠지요?"

이렇게 아내가 웃으며 되물으면 남편은 고개를 끄덕일 수밖에 없었다.

그렇다. 메리 앤은 완벽하지 않았지만, 디즈레일리는 현명하게도 아내를 있는 그대로 받아들이고 있는 그대로 사랑했다.

Double-Check

▌"행복한 결혼 생활을 원한다면, 배우자를 개선하려(?) 하지 마라."

제41강
기억력은
얼마든지 향상할 수 있다

저명한 심리학자 칼 시쇼 교수는 말한다. "평균적인 사람은 실제로 타고난 기억력의 10퍼센트밖에 사용하지 못한다. 우리는 기억의 자연법칙을 위반하고 나머지 90퍼센트를 낭비하고 있는 셈이다."

기억의 자연법칙은 인상과 반복, 연상의 세 가지로 구성된다. 그 첫 번째 법칙인 연상부터 살펴보자. 기억하고 싶은 대상에 대해 깊고 생생한 인상을 획득하면 쉽게 기억할 수 있다는 뜻이다. 다음과 같은 방법을 이용하는 것이 좋다.

1. 집중한다. 정신을 산만케 하는 다른 모든 것에서 벗어나 집중

할 수 있는 환경을 만드는 것이 중요하다.

2. 자세히 관찰하고 정확한 인상을 확보하라. 안개 속에서는 카메라가 선명한 그림을 포착하지 못한다. 당신의 정신도 흐릿한 인상은 계속 간직하지 못한다.

3. 가능한 한 많은 감각을 통해 인상을 획득하라. 링컨은 기억하고 싶은 내용은 무엇이든 큰 소리로 읽었고, 그럼으로써 시각적 인상과 청각적 인상을 모두 얻었다.

4. 무엇보다 시각적 인상을 확실히 확보하라. 백문이 불여일견이다. 마크 트웨인은 메모에 의존했을 때 연설의 개요를 기억하지 못했다. 하지만 메모를 던져버리고 다양한 핵심 내용을 기억하는 데 그림을 이용하자 모든 문제가 해결되었다.

기억의 두 번째 법칙은 반복이다. 이슬람 학생들은 "신약성경"만큼이나 긴 코란을 반복의 힘으로 암기한다. 충분히 자주 반복하면 우리는 합당한 범위 내에서 어떤 것이든 기억할 수 있다. 반복에 관해서는 다음의 사실에 주목하라.

1. 한 자리에서 다 외워질 때까지 반복하지 마라. 한두 번 반복하고 나서 내려놓은 뒤 나중에 다시 돌아와 반복하라는 의미다. 그런식으로 간격을 두고 반복하면 한 자리에서 외우는 데 드는 시간의

절반이면 소기의 목적을 달성할 수 있다.

2. 우리는 외우고 난 후 30일 동안 잊는 것만큼이나 많은 양을 다음 8시간 동안 잊는다. 그러므로 외운 내용을 활용하기 30분 전 정도에 메모를 확인하며 되새겨보는 것이 바람직하다.

기억의 세 번째 법칙은 연상이다. 어떤 것을 기억하는 가장 효과적인 방법은 그 내용을 특정한 사실과 연결하는 것이다. 자신의 경험에 대해 많이 생각하고 그 경험들을 서로 체계적인 관계를 갖도록 연결하는 사람이 좋은 기억력을 누리게 된다. 어떤 사실을 이미 기억하고 있는 다른 것과 연결할 때에는 새로운 사실을 모든 각도에서 생각해보는 것이 좋다. 다음의 질문을 던져보라. "왜 이렇게 되었는가? 어떻게 이렇게 되었는가? 언제 이렇게 되었는가? 어디서 이렇게 되었는가? 누가 그것이 이렇게 되었다고 말했는가?"

새로 만나는 사람의 이름을 기억하려면 철자를 정확히 확인하고 그의 외모를 이름과 연결해 무엇이든 연상해두는 것이 좋다. 그의 직업을 알면 이름과 직업을 연결해 말이 되든 안 되든 어떤 문구든 만들어보라. 날짜를 기억할 때에는 이미 기억하고 있는 특정한 날짜에 연결해보라. 예를 들어 셰익스피어 탄생 300주년은 미국이 남북전쟁에 돌입해 4년째에 이른 해였다.

연설의 요점을 기억할 때는 앞의 요점이 자연스럽게 뒤의 요점을 끌어내도록 논리적인 순서로 정렬해야 한다. 주요 요점을 뽑아 순서에 맞게 아무 문장이나 만들어놓는 것도 요령이다. 예를 들면 "소가 담배를 피우며 나폴레옹을 낚았고, 그 집은 종교로 인해 불태워졌다."와 같은 식으로 말이다.

만약 모든 주의를 기울였음에도 연설 도중 갑자기 무엇을 말하고자 했는지 생각이 나지 않으면 앞에서 강조한 요점의 마지막 구절을 중심으로 새로운 이야기를 만들어나가면 연설을 완전히 망치는 일은 피할 수 있다. 그렇게 시간을 끌면서 다음 요점을 떠올리면 된다는 얘기다.

Double-Check

"비즈니스에서 가장 난감하고 비싼 대가를 치르는 실수 중 하나가 중요한 무언가를 잊는 경우다… 어떤 일에 종사하며 어떤 삶을 살아가든 잘 계발된 기억력에는 헤아릴 수 없는 가치가 따른다."

– 〈새터데이이브닝포스트〉

"한번 습득한 것을 잊지 않는 사람은 언제나 성취하고 발전해 가는 반면, 전에 알았던 것을 잊어버려서 다시 익히느라 시간을 보내는 사람은 잘해봤자 현상만 유지하고 만다."

– 윌리엄 제임스 교수

제42강
모든 성취의 기본은
인내와 끈기다

　골프나 불어, 혹은 대중 연설 등 무엇이든 새로운 것을 배워본 사람은 대부분 알 것이다. 실력은 우리가 기대하는 것만큼 그렇게 일정한 비율로 꾸준히 성장하지 않는다. 실력은 점진적으로 늘지 않고 어느 날 갑자기 훌쩍 뛰어오른다. 그러고는 한동안 정체 상태에 머물러 있거나 다소 퇴보하기도 한다. 이러한 정체 및 퇴보 시기는 모든 심리학자에게 잘 알려져 있으며 이는 심리학 용어로 '학습 곡선의 평원'이라고 불린다. 쉽게 말하면 학습 곡선이 사선형이 아니라 계단형으로 형성된다는 얘기다. 무엇이든 새로운 것을 배우는 사람은 이 평원에서 일정 기간 머물게 되는데, 연설을 공부하는 경우 일반적으로 몇 주씩 그런 시간을 보낸다. 아무리 열심히 해도 벗어날 수 없는 평원이다. 약한 자들은 대개 이 단계에서 좌절하며 포기하고 오기 있는 사람들은 버텨낸다. 그리고 그렇게 버텨낸 사람들은 마침내 다시, 이유나 경위도 확실히 모른 채 갑자기 실력이 일취월장했음을 깨닫게 된다. 그렇다면 중요한 것은? 그렇다. 그런 침체기를 버텨낼 수 있는 인내와 끈기다.

청중 앞에 서는 사람은 대부분 처음 몇 초 내지는 몇 분간 두려움이나 불안감 등을 경험한다. 영국의 유명한 연설가 존 브라이트는 평생 그런 긴장감을 느꼈다고 토로한 바 있다. 글래드스톤도 그랬고, 윌버포스 주교도 그랬으며, 그 밖의 많은 명연설가들도 그랬다. 심지어 수없이 빈번하게 대중 공연을 했던 위대한 음악가들도 그랬다. 파데레프스키는 피아노에 앉기 직전이면 늘 불안해서 소매 끝을 만지작거렸고, 소프라노 여가수 노르디카의 심장은 무대에 오르기 전이면 매번 달리기할 때처럼 뛰었다. 하지만 그런 무대 공포증은 그들이 본론에 들어가자마자 모두 눈 녹듯이 사라졌다. 이유는 무엇인가? 인내와 끈기로 일정한 경지에 오른 덕에 빠르게 무대를 장악해나갈 수 있었기 때문이고, 또 충분한 경험을 통해 그런 일시적인 긴장을 즐길 수 있는 여유를 갖게 되었기 때문이다. 무대 공포증은 포기하지만 않으면 누구든 극복할 수 있다는 점을 잊지 마라. 다음을 참고하라.

1. 학습 곡선의 평원에 오른 사람들 가운데 상당수가 계속 이어지는 평지를 걷는 것 자체가 다음번의 도약을 위한 준비 과정이라는 사실을 깨닫지 못하고 좌절하거나 노력하기를 그만둔다. 그런데 만약 마지막 한 걸음을 남겨두고 포기한 거라면? 안타까운 일이 아닐 수 없을 것이다. 믿어야 한다. 버티고 계속 연습하면 어느 날 갑자기 확연히 달라진 실력을 체감하게 되니까 말이다.

2. 연설을 시작할 때 긴장이 되는 것은 자연스러운 일이다. 처음 얼마간의 그 두려움만 이겨내면 무대 공포증은 저절로 사라지기 마련이다.

3. 자신이 원하는 수준의 교육을 받은 사람은 어떤 것이든 성실하게 추구하기만 하면 어느 날 갑자기 동료들보다 한 걸음 앞서 있는 자신을 발견하게 된다. 하버드대의 유명한 현자가 강조한 이 심리학적 진실은 어떤 종류의 노력에든 적용할 수 있다. 태어날 때부터 명연설가였던 사람은 없다. 그들이 범인과 다른 것은 인내심과 집요한 목적의식을 보유했다는 것뿐이다. 그들은 계속 전진해서 자신이 바라던 바를 이룬 것이다.

4. 무언가를 추구할 때는 그것의 성공에 대해서만 생각하고 그에

도움이 되는 일만 행하라. 그 성공을 위해 나아가는 길과 양립할 수 없는 것은 어떤 것이든 과감하게 떨쳐내라.

5. 좌절감이 밀려올 때마다 루스벨트가 그랬던 것처럼 링컨과 같은 위인의 초상을 보며 그라면 이와 같은 상황에서 어떻게 했을지 자문해보라.

Double-Check

"나는 어떤 상황에서든 나 자신에게 낙담이란 것을 불허했다. 가치 있는 무언가를 성취하는 세 가지 필수 요건은 첫째 노력, 둘째 끈기, 셋째 상식이다."

– 토머스 A. 에디슨

"마지막 한 걸음을 내딛지 않아서 수포로 돌아간 훌륭한 과업이 얼마나 많은가."

– E. H. 해리먼

"결코 절망하지 마라. 하지만 어쩔 수 없이 절망했다면, 그 절망감 속에서도 앞으로 나아가라."

– 에드먼드 버크

"인내는 모든 문제에 대한 최상의 해결책이다."

– 플라우트수, BC 225년

"승리는 의지의 문제다."

– 나폴레옹

제43강
중요한 것은
무엇을 말하느냐가 아니라
어떻게 말하느냐이다

1차 세계 대전이 끝나고 얼마 후, 나는 런던에서 로스 스미스와 키스 스미스 형제를 만났다. 그들은 "비커스 비미" 폭격기를 개조한 비행기에 올라 사상 최초로 영국과 호주를 횡단하는 기록을 세워 호주 정부의 5만 달러의 상금과 더불어 영국 왕실의 기사 작위까지 받으며 대영제국 전체에 큰 센세이션을 일으켰다.

내가 스미스 형제를 만난 이유는 그 여행에 대한 그들의 강연 준비를 돕기 위해서였다. 그들은 런던의 필하모닉 홀에서 한 명은 오후에, 한 명은 저녁에 강연하는 방식으로 4개월 동안 하루 두 차례의 강연회를 열었다.

형제는 세계의 반을 여행하는 동안 나란히 앉아 거의 똑같은 경험을 했고, 그런 까닭에 거의 같은 어휘를 동원해 동일한 내용으로 강연을 했다. 그런데 어쩐 일인지 그들의 강연은 전혀 유사하게 느껴지질 않았다. 하나는 밋밋하고 지루했고, 다른 하나는 흥미진진했다. 이유는 짐작할 수 있을 것이다. 어휘와 내용은 같았지만, 풍미가 달랐던 것이다.

러시아의 위대한 화가 브룰로프가 언젠가 제자의 작품을 수정해준 적이 있다. 제자는 수정된 그림을 보며 탄성을 토해냈다. "우와! 선생님께서 조금 손댔을 뿐인데 완전히 다른 느낌이 납니다." 브룰로프는 이렇게 대답했다. "예술은 아주 작은 것에서 출발하는 거란다." 연설도 그렇고 대화도 그렇다.

영국 의회에는 "모든 것이 문제 자체가 아니라 그 문제를 말하는 방식에 좌우된다."라는 격언이 전해져 내려온다. 웅변대회에서 종종 가장 우수한 내용을 전한 연사보다 가장 우수한 내용처럼 들리게 말한 연사가 우승하는 이유가 바로 여기에 있다. 다음을 명심하라.

1. 말에 사용되는 단어에는 그 자체의 의미를 넘어서는 무언가가

담긴다. 단어가 전달될 때 느껴지는 '풍미'가 바로 그것이다. 그리고 그 풍미에 따라 대화나 연설의 질이 달라진다.

2. 많은 연설자가 청자를 무시하고 바닥이나 허공에 대고 말한다. 그저 독백을 전하는 것처럼 보인다는 의미다. 그 경우 의사소통의 느낌도, 연설자와 청중의 '주고받기'도 생기지 않는다. 이런 종류의 태도는 대화나 연설을 망치는 지름길이다.

3. 말의 전달에는 어조와 단순명쾌함이 중요하다. 상공회의소의 연단에 섰을 때도 동네 사람들 앞에서 연설하는 것처럼 말하라. 상공회의소의 청중도 따지고 보면 옆집 아저씨들을 모아놓은 거와 크게 다를 바 없다.

4. 강연을 잘할 수 있는 능력은 누구에게나 있다. 이 말에 의구심이 든다면 나가서 직접 한번 확인해보라. 길가는 사람 아무나 갑자기 때려눕히면 그는 몸을 일으키면서 당연히 말을 쏟아낼 것이다. 그렇게 자연스럽게 터져 나오는 말에는 어색함도 없고 결함도 없다. 그런 식의 이의 제기나 주장, 불만 토로도 강연이 될 수 있고, 대중 앞에서도 그처럼 자연스럽게 말하면 훌륭한 강연이 된다는 얘기다. 그런 능력을 발전시키는 것은 두말할 것도 없이 연습이다. 타인을 흉내 내려 하지 말고 자신만의 방식으로 자연스럽게 말하라. 자신만의 자연스러운 방식, 즉 자신만의 색깔이 바로 차별화의 핵

심이다.

5. 청중 앞에서 말할 때는 그들이 일어나 당신의 말을 되받아치길 기대한다는 듯이 하라. 누군가 질문을 던진다면, 당신의 메시지 전달 방식 및 태도는 분명 그 즉시 향상할 것이다. 따라서 누군가가 당신에게 질문하고, 당신이 그 질문을 되풀이한 후 답을 한다고 상상하라. 예컨대 '여러분은 제가 이걸 어떻게 아는지 궁금하시죠? 말씀드리겠습니다.'와 같은 방식을 이용하라는 얘기다. 이런 방식의 대화는 매우 자연스러워 보여서 당신의 어법에 담길 수도 있는 딱딱함과 어색함을 허물어줄 뿐만 아니라 말하는 방식까지 따뜻하고 인간적으로 만들어줄 것이다.

6. 진심을 담아 말하라. 진실한 감정은 그 어떤 것보다 크게 도움이 된다.

7. 여기 우리가 진지하게 대화할 때 무의식적으로 하는 네 가지가 있다. 대중 앞에서도 이렇게 하는가? 대부분은 그렇지 않다. 한번 생각해보라.

❶ 중요한 단어를 강조하는가?

❷ 목소리를 올렸다 내렸다 하는가?

❸ 중요하지 않은 부분은 빨리 말하고 강조하고 싶은 부분은 시간을 들여 또박또박 끊어 말하는 식으로 속도에 변화를 주

는가?

❹ 중요한 부분 앞과 뒤에서 잠시 멈추는가?

Double-Check

몰리 경은 이렇게 냉소했다. "연설에서는 세 가지가 중요하다. 말하는 사람과 말하는 방식, 그리고 말하는 내용, 이렇게 세 가지인데, 그중에서 마지막이 가장 덜 중요하다."

제44강
인성은 말보다
훨씬 많은 것을 말한다

얼마 전 카네기 기술연구소에서 유명 사업가 100명을 대상으로 지능검사를 실시했는데, 지능보다는 인성이 사업의 성패에 더 크게 기여한다는 결과가 도출되었다. 이것은 사업가뿐만 아니라 교육자와 전문직 종사자, 그리고 연설가들에게도 매우 의미심장한 결과이다.

준비 과정을 제외하면 인성은 연설에서 가장 중요한 요소일 것이다. 앨버트 허바드는 "좋은 연설은 말이 아니라 태도로 결정된다."라고 천명했다. 바람직한 태도는 당연히 훌륭한 인성에서 나온다. 하지만 인성은 정의하거나 분석하기 어려운, 모호한 무엇이다. 인성은 성격과 선호, 기질, 성품, 정신력, 경험, 교육 등이 혼재되어 형성되는 신체적, 영적, 정신적 결과물이기 때문이다. 인성은 유전과 환경에 따라 결정되며, 바꾸거나 개선하기가 매우 어렵다. 하지만 불가능한 것은 결단코 아니다. 우리는 적절한 생각과 마음가짐을 취함으로써 어느 정도 인성을 개선하고 강화하고 더 매력적으로 만들 수 있다. 훌륭한 인성은 종종 백 마디 말보다 더 강한 무기가 된다. 따라서 우리는 자연이 우리에게 부여한 이 놀라운 무기를 최대한 활용하기 위해 노력해야 마땅하다.

다음은 연설할 때 청중에게 연사의 인성에 대해 좋은 인상을 주기 위해 고려해야 할 사항들이다.

1. 피곤한 몸으로 연단에 오르지 마라. 쉬면서 체력을 회복하고 에너지를 충분히 비축하라.

2. 연단에 오르기 전에 절대로 과식하지 마라. 허기를 느끼지 않을 정도가 적절한 식사량이다.

3. 에너지를 흐리게 하는 어떤 일도 하지 마라. 흡인력이 중요하다. 기러기들이 가을 밀밭으로 몰려들 듯이 사람들은 에너지가 흘러넘치는 연사에게 빠져든다.

4. 깔끔하고 매력적인 차림새를 하라. 옷을 잘 입었다고 스스로

인식하면 자존감과 자신감도 증가한다.

5. 웃어라. 그 자리에 선 것이 기쁘고 만족스러운 것처럼 보여야 한다. 오버스트리트 교수는 이렇게 말한다. "호감은 호감을 낳는다. 우리가 청중에게 관심을 보이면 청중도 우리에게 관심을 기울인다. 우리는 말을 꺼내기도 전에 비난받을 수도 있고 인정받을 수도 있다. 그렇다면 처음부터 따뜻한 반응을 끌어낼 수 있는 태도를 취해야 할 이유는 충분하지 않은가."

6. 청중을 한 곳으로 모아라. 흩어져 있는 무리에 영향을 주는 일은 쉽지 않다. 사람들은 넓은 방에서 따로따로 떨어져 앉아 있으면 의구심을 품거나 반대할 내용도 가까이 모여 있으면 쉽사리 웃고 박수 치고 찬동하는 경향이 있다.

7. 적은 수의 사람들 앞에서 연설해야 한다면 청중을 작은 방에 모아라. 그런 후 연단에 서지 말고 청중과 같은 높이로 내려와 친밀하고 격의 없는 대화를 나누듯 이야기하라.

8. 실내 공기를 신선하게 유지하라.

9. 얼굴의 표정이 잘 보이도록 조명이 잘 비치는 위치에 서라.

10. 가구나 그와 유사한 물체 뒤에 서지 마라. 탁자나 의자 등 연단을 어수선하게 만드는 모든 것을 한쪽 구석으로 치워라.

11. 만약 연단에 내빈이 있으면 가끔 움직이기 마련이고 그들이

움직일 때마다 청중들의 시선이 쏠리기 마련이다. 청중들은 움직이는 무엇을 보려는 유혹을 물리치기가 쉽지 않다. 그래도 그렇게 관심을 빼앗아갈 경쟁자를 두고 싶은가?.

12. 털썩 주저앉거나 축 늘어지듯 의자에 앉지 마라. 다리를 의자에 붙이고 허리를 세우고 살며시 앉아라.

13. 자리 이동을 가급적 줄여라. 너무 빈번히 움직이지 말라는 뜻이다. 불안에 기인한 듯 보이는 그런 움직임은 나약하다는 인상을 준다. 당신의 존재감에 도움이 되지 않는 움직임은 어떤 것이든 손해만 안겨준다.

14. 너무 의식적으로 제스처를 구사하려 하지 마라. 즉흥적으로 나오는 자연스러운 몸짓이 바람직하다. 천편일률적인 제스처나 짧고 급격히 반복되는 제스처는 피하라. 강조를 위한 결정적인 제스처는 감흥의 절정에 이를 때까지 포즈를 유지하라.

"행동은 웅변이다. 무식은 귀보다 눈으로 더 잘 포착된다."

- 셰익스피어

"제스처는 너무 많아도, 너무 적어도 자연스럽지 않다. 아이들도 잘 쓰고 동네 사람들도 거리에서 서로 적절히 이용하는 그 즐거운 매개물을 연단에 선 사람들만 제대로 사용하지 못하는 걸 보면 이상하기 짝이 없다."

- 매튜스, "연설과 연설가"

"연단에 서면 몸짓은 완전히 잊어라. 자신이 무엇을 말하려 하는지, 왜 그것을 말하려고 하는지에만 집중하라. 생각을 제대로 표현하기 위해 열과 성을 다하라. 열정적이고 진지하게 진심을 담아라. 그러면 몸짓은 자연스럽게 생성된다. 내적인 생각과 충동이 충분히 강렬해지면 몸짓을 억누르던 제약이 사라진다... 연설하는 동안에는 자신이 말하고 싶은 것만 생각하라. 미리 제스처를 계획하지 마라. 자연스러운 충동이 몸짓을 결정하게 하라."

- 조지 롤런드 콜린스, "연단 연설"

제45강
공감으로 시작하고,
웃음으로 마무리하라

세상사 거의 모두가 그러하듯, 연설에서도 시작과 마무리가 중요하다. 시작은 과정 전체의 분위기를 좌우하기 때문이고 마무리는 연설 전체에 대한 인상에 영향을 미치기 때문이다.

먼저, 시작의 방법론부터 살펴보자.

1. 공통되는 기반에서 출발하라. 의견이 같은 부분에서 시작해 청중 모두가 당신의 말에 동의하게 하라.

2. 처음부터 당신의 주장을 강하게 개진해 청중이 거부감을 갖게 만들지 않도록 조심하라. 사람들은 일단 '아니요'라고 말하고 나면

자존심 때문에라도 그 말을 거두기가 어렵다. 시작 단계에서 '맞아요'라는 반응을 많이 끌어낼수록 당신의 궁극적인 제안으로 청중의 관심을 끌어들이는 데 성공할 가능성이 더 커진다.

3. 이런저런 것을 증명해 보이겠다는 말로 시작하지 마라. 상대의 반감을 불러일으키기 쉬운 방법이다. 그렇게 시작하면 청중은 '그래? 정말 그러는지 한번 두고 볼까'라는 식으로 반응하기 마련이다. 관련 있는 질문을 제시한 후 청중이 당신과 함께 해답을 찾는 과정에 참여하게 만들어라. 최고의 논증 방법은 설명처럼 보이게 하는 것이다.

4. 논쟁의 소지가 있는 주장 대신 객관적인 사실들을 제시하고 청중이 스스로 결론을 내리게 하라.

5. 시드니 F. 윅스는 "기업인의 대중 연설"에서 이렇게 설파했다. "청중을 기쁘게 해야 한다. 그들의 두려움을 진정시키고 의심을 풀어주어 그들이 무기를 내려놓고 '좋소, 함께 논의해봅시다'라고 말하게 만들어야 한다. 이는 서로 공감할 수 있는 기반과 서로 관심이 있는 부분을 찾아낼 때 가능해진다. 서로를 갈라놓는 것보다 더 강력하게 서로를 묶어주는 것들이 있을 것이다. 그게 무엇인가? 그것을 찾아낼 수 있느냐 없느냐에 연설의 성패가 좌우된다. 만약 청중을 진정으로 만족시킬 수 없다면, 인상적인 용기를 분출하여 그

들의 찬탄과 존경을 끌어내야 한다. 예를 들어, 내가 만약 북아일랜드 벨파스트의 오렌지인(Orangemen) 집회에서 연설을 한다면, 나는 양심에 충실한 그들의 자세에 찬사를 표할 것이다. 또 우리가 함께 존경하는 위대한 조상들, 즉 우리가 공유하고 있는 것들에 대해 말할 것이다. 내가 만약 회사 직원들 앞에서 연설한다면 격렬한 힐책으로 시작하지 않고 보다 기뻤던 상황, 과거의 돈독했던 협력 관계, 업계의 관계자 모두를 억누르는 걱정과 문제들에 관해 얘기할 것이다. 내가 진심으로 진지하게 문제의 해결책을 찾고 있음을 보여줄 것이다. 어떤 경우에든 청중의 가장 선한 본능에 호소하라. 사람들은 그런 호소에 놀라운 반응을 보인다."

다음은 연설의 마무리에서 주의할 사항이다.

1. 연설의 마무리는 전략적으로 가장 중요한 요소이다. 청중은 마지막에 들은 내용을 가장 오래 기억한다.

2. '여기까지가 제가 말해야 할 모든 것입니다. 이만 끝내기로 하겠습니다.'라는 식으로 마무리하지 마라. 할 말을 다 했으면 그냥 끝내라. 끝내야 한다는 말로 끝내지 마라.

3. 마무리 부분을 미리 주의 깊게 계획하라. 그리고 반드시 리허설을 하라. 어떤 말로 어떻게 마무리할 것인지 확실하게 인지하고

있어야 한다. 부드럽고 매끄럽게 마무리하라.

  4. 아래 일곱 가지의 마무리 요령을 참고하라.

    ❶ 같은 내용을 다른 표현으로 강조하고 요약함으로써 요점을 재차 인식시킨다.

    ❷ 행동에 나설 것을 촉구한다.

    ❸ 청중에게 진정한 찬사를 보낸다.

    ❹ 재미난 말로 웃음을 유도한다.

    ❺ 적절한 시구를 인용한다.

    ❻ 관련 있는 성경 구절을 인용한다.

    ❼ 클라이맥스를 쌓아 올린 후 마무리한다.

  5. 좋은 시작과 멋진 마무리를 찾아 서로 연결한다. 언제나 청중이 바라기 전에 끝내라. 포만의 순간은 절정 직후에 찾아온다.

Double-Check

| 마지막으로 어떤 연설에서든 참고하면 도움이 되는 사항이다.

1. 명쾌한 전달은 아주 중요하지만 결단코 쉬운 일은 아니다. 그래서 예수는 비유에 가르침을 담곤 했다. "(왜냐하면) 그들이 보아도 보지 못하며 들어도 듣지 못하며 깨닫지 못함이니라(마태복음 13장 13절)."

2. 청자의 수준에 맞는 용어를 사용하라. 보편적인 표현과 구체적인 예는 어디서든 통한다.

3. 가능한 경우 시각 자료를 활용하라.

4. 너무 많은 이야기를 하려고 하지 마라. 주제의 각 부분은 언제나 일맥상통해야 한다.

5. 남을 설득하려면 자신부터 먼저 설득해야 한다. 마찬가지로 남을 이해시키려면 자신부터 확실하게 이해해야 한다.

6. 축적의 원리를 이용하라. 당신의 주장을 뒷받침하는 구체적인 사례를 연거푸 제시함으로써 청중의 뇌에 유사한 경험이 겹겹이 쌓이게 하라.

7. 모두가 존경하는 유명인을 인용하여 그의 권위로 당신의 주장을 보강하라.

8. 사람들은 평범한 무언가에 담긴 특별한 사실에 관심을 기울인다.

9. 사람들의 주된 관심사는 언제나 자기 자신이라는 점을 잊지 마라.

10. 인간을 행동에 나서게 만드는 동기, 즉 소유욕이나 자기 보호 심리, 자부심, 명예욕, 쾌락욕, 감상적 사고, 애정, 정의감, 자비심, 분노 등에 호소하라.